KB080323

바빌론 부자들의
돈 버는 지혜

책수레

| 저자 서문 |

국가의 번영은 국민 개개인이 얼마나 잘 사느냐에 따라 결정된다. 이 책은 개인의 성공을 다룬다. 여기서 성공은 각자의 노력과 능력으로 이룬 성취를 뜻한다. 성공의 열쇠는 적절한 준비에 달려있다. 열심히 준비한 사람이 성공한다는 뜻이다. 그러기 위해서는 먼저 금융 원리를 이해해야 한다. 그래야 생각할 수 있고, 생각해야 행동할 수 있기 때문이다.

이 책은 당신이 행동할 수 있도록 금융 원리의 이해를 돕는 지침서이다. 당신의 얄팍한 지갑을 두툼하게 만들 방법을 알려준다. 성공을 꿈꾸는 사람이 돈을 벌게 해주고, 벌어들인 돈을 지키고, 그렇게 지킨 돈이 다시 돈을 벌어들이도록 도와준다.

이 책에서 우리는 고대 바빌론으로 떠난다. 고대 바빌론은 오늘날에도 전 세계적으로 널리 사용되는 금융 원리가 시작된 곳이다.

이 책을 읽고 은행 계좌가 불어나고, 경제적 성공을 거두고, 경제적 문제 해결에 도움이 되었다는 독자가 많다. 저자로서 무척 기쁘고 감사한 일이다. 내가 쓴 이야기를 친구와 직원에게 아낌없이 나눠 준 기업 경영자들에게도 지면을 빌려 감사의 인사를 전한다. 현장에서 치열하게 일하는 사람들이 추천하는 것보다 더 좋은 일은 없다. 그들이야말로 이 책의 원리를 적용하여 큰 성공을 거둔 사람이기 때문이다.

바빌론은 고대 세계에서 가장 풍요로운 도시였다. 그 시대 바빌론 사람들이 가장 부유했기 때문이다. 바빌론 사람들은 돈의 가치를 제대로 알고 있었다. 금융 원리를 실천하여 돈을 벌었고, 번 돈을 지키고, 그 돈으로 더 많은 돈을 벌었다. 모두가 원하고 꿈꾸는 미래를 위한 수입원을 만들 줄 알았던 것이다.

조지 S. 클레이슨

차례

제1장

황금을 꿈꾸는 사나이

The Man Who Desired Gold

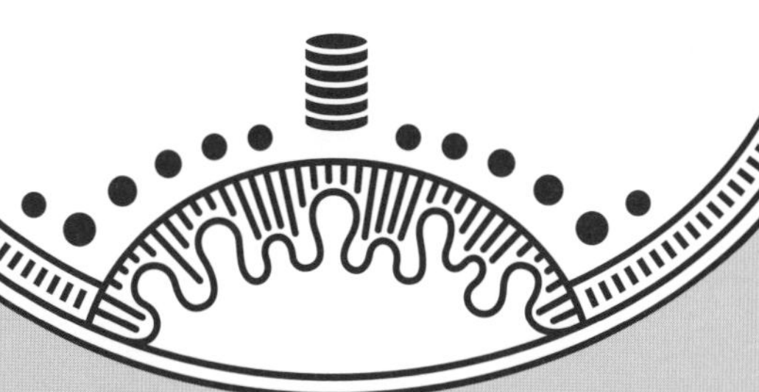

제1장

황금을 꿈꾸는 사나이

반시르(Bansir)
마차 제작자

코비(Kobbi)
반시르의 친구로 악기를 연주

아카드(Arkad)
바빌론 최고의 부자

노마시르(Nomasir)
아카드의 아들

바빌론에서 마차를 만드는 반시르(Bansir)는 수심에 가득 찬 얼굴로 초라한 자기 집을 바라보았다. 집 앞에는 만들다 만 마차가 널브러져 있었다. 그의 아내는 열린 문으로 자주 들락거리며 재촉하는 눈빛으로 반시르를 쳐다보았다. 아내의 눈빛과 행동으로 반시르는 집에 식량이 떨어졌다는 걸 짐작할 수 있었다.

반시르는 마차를 만들어야만 한다. 부지런히 망치질하고, 페인트칠하고, 광을 내야 한다. 그래야 부잣집에 납품하고 돈을 받아올 수 있기 때문이다. 그런데도 반시르는 담벼락 위에 우두커니 앉아 머릿속을 떠나지 않는 문제와 씨름하고 있었다. 하지만 답을 찾을 수 없었다. 마음이 답답해졌다.

유프라테스강 계곡에는 뜨거운 태양이 내리쬐고 있었다. 반시르의 이마에 땀방울이 맺혔고 땀방울은 털이 수북한 그의 가슴으로 흘러내렸다. 그의 집 너머 저 멀리 왕궁을 둘러싼 성벽이 보였다. 가까이에는 아름다운 벨 신전의 탑이 하늘을 뚫고 우뚝 솟아 있었다.

이렇게 웅장한 건물과 비교하니 그의 집은 소박하고 초라해 보였다. 다른 집들도 허름하기는 마찬가지였다. 바빌론은 이런 곳이다. 부자와 가난한 사람들이 무질서하게 뒤섞여 살아가고 있다.

부자들이 탄 마차는 요란한 소리를 내며 빠른 속도로 거리를 달린다. 낡은 신발을 신은 장사꾼들과 맨발의 거지들은 마차를 피해 길가로 비켜야만 했다. 하지만 이런 부자들도 '바빌론의 공중정원'에 물을 채우기 위한 노예들의 행렬이 지나갈 때는 길을 비켜주어야 했다.

반시르는 자기 문제에 골몰하느라 도시의 소음조차 들리지 않았다. "띠리링~" 어디선가 익숙한 악기 소리가 들려왔다. 그 소리에 반시르는 몽상에서 깨어나 정신을 차렸다. 소리가 난 쪽으로 고개를 돌리니 가장 친한 친구인 악사 코비(Kobbi)가 미소를 머금고 있었다. 코비가 먼저 인사했다.

"신께서 자네에게 후한 축복을 내리시길 바라네. 그런데 신이 이미 자비를 내리신 모양이야. 이렇게 한가로운 모습이라니. 자네가 받은 축복을 내게도 좀 나눠 주게나. 아마도 자네 지갑은 분명히 두둑할 거야. 그렇지 않으면 작업장에서 바쁘게 마차를 만들고 있었을 테니까. 자네, 내게 두 냥만 빌려주게. 오늘 밤 귀족들의 잔치가 있거든. 거기서 연주하고 돈을 받기로 했네. 금방 돌려주겠네."

반시르가 침울한 표정으로 대답했다.

"내게 그 돈이 있어도 빌려줄 수 있는 상황이 아니네. 가장 친한 친구인 자네에게도 말이야. 그게 내 전 재산이거든.

자네라면 전 재산을 빌려줄 수 있겠나?"

코비가 깜짝 놀라 소리쳤다.

"뭐라고? 주머니에 땡전 한 푼 없으면서 이렇게 넋 놓고 앉아 있단 말인가? 왜 마차를 만들지 않나? 자네답지 않아. 넘치는 에너지는 대체 어디로 갔나? 혹시 말 못 할 걱정거리라도 있나? 아니면 신이 무슨 벌이라도 내린 건가?"

반시르가 고개를 끄덕이며 말했다.

"신이 벌을 내린 게 맞네. 아무 의미 없는 꿈 때문이야. 글쎄, 꿈에서 내가 부자가 되었지 뭔가. 내 허리춤에는 묵직한 돈주머니가 달려 있었지. 길거리 거지들에게 마구 던져줘도 부족하지 않을 만큼 말이야. 맛있는 것을 먹고, 멋진 옷을 사고, 실컷 쓰고도 남을 만큼의 돈이 있었지. 정말 뿌듯했다네. 아마 자네는 나를 못 알아봤을 거야. 게다가 내 아내도 처녀 때처럼 꽃다운 모습이었지."

"정말 행복한 꿈이었겠군. 그렇게 멋진 꿈을 꾸고서 왜 이렇게 침울한 표정으로 앉아 있나?"

반시르가 한숨을 내쉬며 답했다.

"꿈에서 깨어나 눈을 뜨자 내 텅 빈 지갑이 떠올랐네. 빈 지갑을 생각하니 울화가 치밀더라고. 우리는 같은 처지 아닌가. 내 얘기 좀 들어주게. 우리는 젊을 때 성직자를 찾아가

지혜를 배우기도 했고 기쁨을 함께 나누기도 했었지. 그리고 어른이 된 지금까지 친구로 지냈네. 우리는 나름대로 만족하면서 살아왔어. 열심히 일해서 돈을 벌었고 번 돈을 쓰면서 살았지. 그동안 적지 않은 돈을 벌었지만 부자가 되지 못했네. 부(富)가 주는 진정한 즐거움을 알지 못했어. 그저 부자가 되는 꿈만 꾸었을 뿐이지."

반시르가 계속 말을 이었다.

"참 어리석었네. 우리는 세상에서 가장 풍요로운 나라에서 살고 있지 않나? 주위에는 온갖 부유함이 넘치는데 우리가 가진 건 없네. 심지어 가장 친한 친구인 자네는 내게 돈을 빌려달라고 하고 있네. 여기서 내가 뭐라고 해야 하나? '지갑 여기 있네. 마음껏 꺼내 가게.' 이렇게 말하고 싶지만 그럴 수 없었네. 빈털터리니까 말이야."

반시르는 한숨을 길게 내쉬고 계속 말했다.

"대체 뭐가 문제일까? 왜 잘 먹고, 잘 입고, 잘 자고도 남을 만큼 돈을 벌 수 없는 걸까? 우리 아이들도 이렇게 살게 할 순 없지 않나? 아이들은 풍요롭게 살게 하고 싶어."

코비가 당황하며 말했다.

"오랫동안 친구로 지냈지만 자네가 이런 말을 한 적은 단 한 번도 없었어."

"그랬었지. 꼭두새벽부터 저녁 늦게까지 마차만 만들었으니까. 열심히 살면 언젠가는 신께서 내 노력을 알아주고 축복할 거라 믿었네. 하지만 말도 안 되는 소리라는 걸 이젠 깨달았어. 마음이 슬퍼지네. 나도 부자가 되고 싶어. 내 땅에서 내 소를 키우고, 좋은 옷을 입고, 두둑한 지갑을 들고 다니고 싶다고. 부자가 되기 위해 내 몸이 부서져라 일할 각오도 되어 있어. 그런데 내 노동과 노력은 정당한 대가를 받지 못하는 것 같네. 도대체 뭐가 문제일까? 왜 우리는 부자처럼 누리며 살 수 없는 걸까?"

코비가 말했다.

"나도 자네와 다를 바 없지 않나. 내가 음악을 연주하고 번 돈은 순식간에 사라지고 만다네. 가족을 먹여 살리기 위해서지. 지금까지 그것만을 위해 달려온 셈이야. 또한 마음속에는 멋진 악기를 장만하겠다는 간절한 바람도 있네. 머릿속에 떠오르는 선율을 마음껏 연주할 최고의 악기 말이야. 그런 악기만 있으면 누구나 감탄하는 멋진 음악을 만들고 연주할 수 있을 거야."

"맞네, 자네에겐 그런 악기가 필요해. 바빌론에서 자네보다 더 연주를 잘하는 사람은 없으니까 말이야. 그런 악기로 연주하면 왕은 물론이고 신들도 기뻐할 걸세. 그런데 우리는 노예와 다를 바 없이 가난하네. 어떻게 그런 악기를 살 수 있겠나? 어! 종소리가 들리는군. 저기 노예들이 오고 있네."

반시르는 상의를 벗은 채 물통을 지고 오는 노예들의 행렬을 가리켰다. 노예들은 다섯 줄로 행진하고 있었다. 물통이 무거운지 모두 구부정한 허리로 걷고 있었다.

코비는 행렬의 앞에서 종을 들고 노예를 인솔하는 사람을 가리키며 말했다.

"노예를 인솔하는 저 사람을 봐. 꽤나 번듯하게 생겼네. 두드러지는 외모야."

반시르도 맞장구쳤다.

"그렇군. 우리처럼 멀쩡하게 생긴 사람들이 많네. 북쪽에서 온 금발도 있고, 남쪽에서 온 흑인도 있고, 옆 나라에서 온 키 작고 그을린 사람도 보이네. 모두 강과 공중정원 사이를 왔다 갔다 하겠지. 오늘도, 내일도, 올해도, 내년에도 말이야. 저들의 삶에 행복은 없을 거야. 지푸라기 침대에서 자고 거친 죽이나 먹을 것 아닌가? 정말 가엽네."

"암, 안타깝지. 그런데 자네와 나는 자유의 몸이긴 하지만 저들과 별로 다를 것도 없지 않나."

"맞아, 코비. 불쾌하지만 그건 사실이야. 오늘도 일하고, 내일도 일하고, 매일매일 제자리지."

코비가 반시르에게 물었다.

“다른 사람은 어떻게 돈을 모아서 부자가 되었는지 알아보는 건 어떨까?”

반시르가 생각에 잠기며 대답했다.

“비결을 아는 사람이 있겠지. 그 사람에게 물어보면 비밀을 배울 수 있을지도 몰라.”

코비가 말했다.

”마침 오늘 옛친구 아카드(Arkad)를 보았네. 황금색 마차를 타고 지나가더라고. 그는 우리와 다른 삶을 살고 있지. 그래도 초라한 내 모습을 보고 무시하지는 않았어. 손을 흔들며 내게 인사를 건넸거든. 주변 사람들도 모두 그 모습을 보았네.”

반시르는 생각에 잠기며 말했다.

“아카드는 바빌론 제일의 부자 아닌가?”

“맞아. 바빌론의 왕도 가끔 어려울 때 아카드에게 도움을 청한다는 소문도 있지.”

반시르가 놀란 표정으로 말했다.

“엄청나군! 밤에 만나면 그의 지갑에 손을 대고 싶을지도 모르겠네.”

코비가 정색하며 말했다.

"말도 안 되는 소리. 사람의 부는 지갑으로 평가되는 게 아니야. 돈을 써도 지갑을 다시 채워 줄 황금 물줄기가 필요하다고. 그렇지 않으면 지갑은 순식간에 텅 비어버리고 말지. 우리와 다르게 아카드는 아무리 많이 써도 끊임없이 지갑을 채워줄 수입(income)이 있다네."

반시르가 손뼉을 치며 외쳤다.

"수입! 바로 그거야! 내가 담 위에 우두커니 앉아 있든, 먼 나라로 여행을 가든, 내 지갑을 채워줄 수입이 필요해. 아카드는 그런 수입을 어떻게 만드는지 알고 있겠지? 나처럼 머리가 나쁜 사람도 쉽게 배울 수 있을까?"

코비가 대답했다.

"아카드가 아들 노마시르(Normasir)에게 그 방법을 가르쳐주었다는 소문이 있어. 자네도 노마시르가 혼자 힘으로 니네베(Nineveh)에서 가장 큰 부자가 되었다는 얘기를 듣지 않았나? 분명히 아카드에게 배웠을 거야."

반시르가 눈빛을 반짝이며 말했다.

"고맙네, 코비. 혼자서는 이런 생각을 못 했을 거야. 조언을 구하는 데 돈이 드는 것도 아니고, 더구나 아카드는 옛친구가 아닌가. 지금 우리 지갑은 텅 비었지만 그게 대수인가. 주눅들지 말자고. 이 풍요로운 도시에서 빈털터리로 사는 것도 지쳤다고. 우리도 부자가 되어야 하지 않겠나. 자, 어서 아카드에게 가서 부자가 되는 방법을 물어보세."

코비가 기쁜 표정으로 말했다.

"반시르, 자네는 내게 큰 깨달음을 줬어. 왜 우리가 부자가 되지 못했는지 이제야 알겠네. 우리는 한 번도 간절하게 부자가 되고 싶었던 적이 없었던 거야. 자네는 늘 튼튼한 마차를 만들기 위해 노력했고 그 일에서 성공했네. 나는 뛰어난 연주자가 되려고 노력했고 그렇게 되는 데 성공했지. 하지만 그뿐이었네. 우리는 가장 중요한 '부자가 되는 일'에는 소홀했던 거야. 이제 태양처럼 눈부신 희망이 보이네. 새로운 깨달음을 얻었으니 우리도 꿈을 이루는 방법을 찾을 수 있을 거야."

반시르가 재촉하며 말했다.

"당장 아카드를 찾아가세. 우리처럼 힘겹게 살아가는 옛 친구들과 함께 말이야."

"반시르, 자네는 언제나 친구들을 생각하는군. 자네는 늘 친구가 많았지. 그렇게 하세. 옛친구들과 함께 당장 가자고!"

부자가 되고 싶다는 열망을 가져라.

핑크팬더의 Money Talk

부자가 되고 싶다는 열망을 가져라

당신이 《바빌론 부자들의 돈 버는 지혜》를 선택하고 읽은 이유는 무엇인가? 지금과 다른 삶을 살고 싶다는 이유가 가장 크지 않을까? 지금까지 열심히 살아왔는데 내 인생은 왜 이 모양일까? 잘난 것도 없다고 생각했던 사람이 왜 나보다 훨씬 더 여유롭게 사는 걸까? 도대체 무엇 때문에 이런 차이가 생겼을까?

반시르와 코비도 똑같았다. 튼튼한 마차를 만들기 위해 노력했고, 뛰어난 연주자가 되려고 노력했다. 당신도 그렇지 않은가? 하지만 열심히 살았는데도 쳇바퀴 돌듯 똑같은 일상이 반복될 뿐이다. 노력한 끝에 어느 정도 보상을 받았고 금전적으로 힘들지는 않지만 여전히 돈은 매달 스쳐 지나갈 뿐이다. 이런 인생에 만족하며 살 수 없을 것이다.

당신이 이 책을 선택한 가장 큰 이유다. 경제적으로 여유 있는 삶을 누리며 살고 싶다는 욕망이 죄는 아니다. 오히려 권장하고 가져야 할 욕망이다. 반시르와 코비가 '부자가 되는 일'에 소홀했던 것처럼 당신도 그랬을 뿐이다.

부자가 되고 싶다는 욕망을 가져야 한다. 욕망은 당신을 움직이게 만든다. 욕망이 없는데 노력할 사람은 없다. 가지고 싶다고 생각했을 때 가지려고 노력하는 법이다. 부(富)도 똑같다. 부자가 되고 싶은 사람만이 부자가 될 수 있다.

부자가 되고 싶다는 생각을 해 본 적이 있는가? 없다면 지금 이 순간부터 생각하라. 모든 것의 출발점은 생각이다. 부자가 되고 싶다고 생각한 오늘이 바로 부자로 가는 출발점이다.

제2장

바빌론 최고의 부자

The Richest Man In Babylon

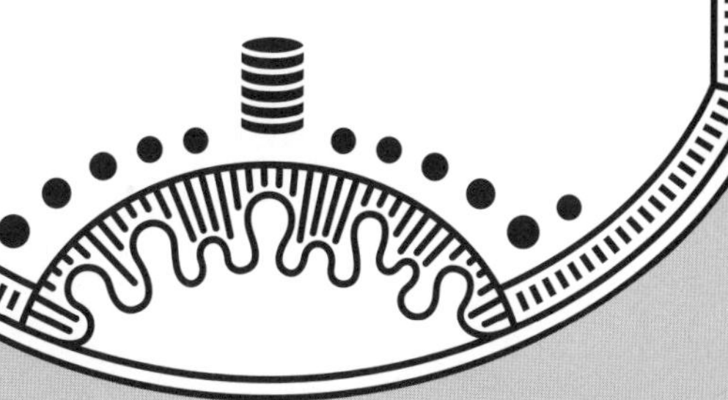

제2장

바빌론 최고의 부자

아카드(Arkad)와 옛친구들
바빌론 최고의 부자

알가미쉬(Algamish)
대금업자

노마시르(Nomasir)
아카드의 아들

아즈무르(Azmur)
벽돌공

아가르(Aggar)
방패공

바빌론에 아카드(Arkad)라는 부자가 살았다. 아카드는 엄청난 부를 쌓았고 바빌론 방방곡곡에 명성이 널리 퍼졌다. 아카드는 누구에게나 자애롭고 관대한 사람이었다. 가난한 사람들에게 아낌없이 베풀곤 했다. 그런데도 그의 재산은 줄어들지 않고 계속 늘어났다.

어느 날 어린 시절 친구들이 아카드를 찾아와서 말했다.

"아카드, 자네는 운이 좋았나 보네. 우리가 먹고살려고 바둥거리는 동안 자네는 바빌론 최고의 부자가 되었으니 말이야. 우리는 가족에게 부끄럽지 않은 정도의 옷을 입히고 겨우 굶기지 않는 정도인데, 자네는 비싸고 멋진 옷을 입고 진귀한 음식을 먹고 있지 않나. 하지만 예전에 우리는 모두 비슷했었지. 같은 스승님에게 배웠고 같이 뛰어놀았네. 자네가 우리보다 특별히 뛰어나지도 않았었지. 그렇다고 자네가 우리보다 더 열심히 일하지도 않았네. 운명의 여신은 왜 자네를 골랐을까? 왜 자네만 모든 것을 누리게 하고 우리는 무시하는 걸까?"

아카드는 친구들의 불평을 묵묵히 들은 후 이렇게 말했다.

"자네들은 젊은 시절부터 열심히 일해왔지. 그런데도 자네들이 지금처럼 힘겹게 사는 이유는 간단해. 자네들은 돈을 불리는 방법을 배우지 못했거나 알고도 실천하지 못했기 때문이야. 운명의 여신은 누구에게도 영원한 상을 주지 않는 심술쟁이라네. 노력하지 않고 재물을 얻은 사람에게는 파멸을 선물하지. 여신은 황금을 흥청망청 써버리도록 만들고 끝없는 괴로움을 주기도 한다네.

반면에 어떤 사람은 지독한 구두쇠가 되어 재물을 쌓아놓기만 하지. 왜 그럴까? 다시는 돈을 벌어들일 수 없다는 것을 알기 때문일세. 이런 사람은 재물을 도둑맞을까 봐 불안에 떨며 공허하고 비참한 삶을 산다네.

한편 이런 사람도 있네. 많은 재물을 물려받아 돈을 쉽게 벌어들이고 잘 불리면서 행복해하고 만족할 줄 아는 사람이지. 하지만 이런 사람은 드물어. 나도 소문만 들었을 뿐이지 만나본 적은 없다네. 벼락부자가 된 사람 중에 이런 사람을 본 적이 있나?"

친구들은 아카드의 말에 고개를 끄덕일 수밖에 없었다. 주변에서 재물을 물려받거나 벼락부자가 된 사람들의 불행한 모습이 떠올랐기 때문이다. 친구들은 아카드에게 어떻게 커다란 부를 이뤘는지 물었다. 아카드는 미소지으며 이야기를 이어갔다. 아카드의 이야기는 다음과 같다.

젊은 시절, 나는 무엇이 우리에게 행복과 만족을 주는지 생각해 보았네. 그건 바로 돈이더군. 돈이 있을 때 행복을 누릴 가능성이 크다는 사실을 깨달았네. 돈은 곧 힘이야. 돈만 있으면 무엇이든 할 수 있지.

돈이 있다면 온갖 멋진 가구로 집을 장식할 수 있고, 저 멀리 바다로 멋진 항해를 떠날 수도 있고, 세상의 온갖 산해진미를 맛볼 수도 있네. 또 최고의 장인이 만든 보석과 장신구를 살 수도 있고, 신을 위해 웅장한 신전을 지을 수도 있지. 돈이 있어야 이렇게 온갖 부귀를 누리면서 즐겁고 행복하게 살 수 있다네.

이런 진리를 깨달았을 때 나는 결심했네. 세상에서 내 몫의 축복을 찾아서 누리기로 말이야. 다른 사람들이 즐기는 것을 바라보며 부러워하는 사람이 되지 않겠다고 결심했네. 싸구려 옷을 입는 데 만족하지 않기로 했네. 내가 원할 때 마음껏 잔치를 열고 사람들을 초대하는 사람이 되기로 했지.

자네들도 알다시피 나는 가난한 상인의 아들이었네. 물려받은 재산도 없었네. 보잘것없이 식구만 많은 집안이었지. 그렇다고 지혜나 권력도 없었지. 누가 가르쳐줄 사람도 없었네. 그렇다고 절망하진 않았네. 나는 부자의 꿈을 이루려면 시간이 필요하고 공부가 필요하다는 것을 깨달았네.

시간은 누구에게나 공평하게 주어지네. 자네들은 시간을 어떻게 썼나? 자네들을 부자로 만들어 줄 시간을 허비하지 않았나? 자네들은 화목한 가정 외에는 아무것도 내세울 게 없으니까 말이야.

배움에는 두 가지 종류가 있네. 하나는 우리가 배워서 아는 것이고, 다른 하나는 우리가 모르는 것을 알아내는 방법을 익히는 것이네. 그래서 나는 어떻게 돈을 버는지 알아내기로 했네. 그 방법을 알아낸 후에는 바로 실천하기로 했지.

나는 필경사로 취직하여 온종일 점토판에 글을 썼네. 열심히 일했지만 수입은 형편없었지. 먹고 입고 쓰느라 돈을 모을 수 없었어. 하지만 부자가 되겠다는 결심은 흔들리지 않았네. 그러던 어느 날 대금업자 알가미쉬(Algamish)가 찾아왔네. 그는 '아홉 번째 법(Ninth Law)'을 필사해 달라며 이렇게 말했네. "이틀 안에 완성해 주게. 그때까지 마치면 동전 두 냥을 주겠네."

나는 부지런히 필사했네. 하지만 양이 너무 많아서 제시간에 마치지 못했지. 알가미쉬는 노발대발 화를 냈다네. 내가 그의 노예였다면 나는 흠씬 두들겨 맞았을 거야. 하지만 그도 노예가 아닌 자유인에게 손을 댈 수는 없었지. 나는 겁먹지 않고 그에게 제안했네.

"어르신은 부자입니다. 제게 부자가 되는 방법을 알려주세요. 그러면 밤새도록 필사해서 내일 아침까지 아홉 번째 법을 완성해 놓겠습니다."

알가미쉬는 미소를 지으며 대답했어.

"당돌한 젊은이로군. 그렇게 하세. 이것도 거래라면 거래니까."

나는 밤새도록 점토판에 글을 새겼네. 허리도 아프고 눈도 아팠지만 끝까지 해냈지. 다음 날 아침 알가마쉬가 찾아왔을 때 나는 완성된 점토판을 건네주며 말했네.

"약속대로 완성했습니다. 이제 부자가 되는 방법을 알려주세요."

"자네가 약속을 지킨 것처럼 나도 약속을 지켜야겠지. 자네가 알고 싶어 하는 것을 말해주겠네. 나도 이제 늙은이가 되었어. 늙은이는 이야기하는 것을 좋아한다네. 세월을 겪으며 깨달은 지혜를 알려주고 싶거든. 하지만 젊은이들은 노인의 이야기를 고리타분하게 생각하고 듣기 싫어하지. 잊지 말게. 오늘 빛나는 태양은 자네 아버지가 태어났을 때도 빛났고, 자네 손자가 죽음을 맞이할 때도 빛나는 법이라네."

알가미쉬는 이야기를 이어갔네.

"젊은이의 생각은 하늘을 밝히는 유성처럼 빛나지만, 늙은이의 지혜는 뱃사람이 길을 잃지 않게 도와주는 별과 같다네. 내 말을 잘 새겨듣게. 그렇지 않으면 자네는 내가 말하는 진리를 깨닫지 못할 테고, 밤새워 일한 보람이 없다고 생각할 테니까 말이야."

알가미쉬는 나를 쏘아보며 단호한 목소리로 말했네.

"부자가 되는 방법은 간단하네. 버는 돈보다 덜 쓰고, 번 돈의 일부를 저축하게. 그러면 언젠가 부자가 되네."

그는 나를 뚫어지게 바라보았네. 하지만 더는 아무 말도 하지 않았지. 나는 답답해서 물었네.

"그게 다예요?"

그가 답했네.

"그렇다네. 이것만으로 가난한 양치기였던 나는 부자가 되었지."

나는 다시 물었네.

"제가 번 돈을 모두 저축하면 어떨까요?"

그가 대답했네.

"자넨 아직 멀었군. 자네가 입는 옷과 신발은 하늘에서 떨어지나? 또 밥도 먹어야 하지 않나? 돈을 쓰지 않고 바빌론에서 살 수 있나? 지난달 자네 월급은 어떻게 했나? 작년은 또 어떻고? 자네 바보인가? 다른 사람에게 돈을 지불하지 않고 세상을 살아갈 수는 없다네. 결국 자네는 다른 사람들을 위해 일하는 셈이지. 먹을 것, 입을 것을 주는 주인을 위해 일하는 노예처럼 말이야. 오늘부터 자네가 번 돈의 10%를 저축하면 10년 후에는 얼마를 모을 수 있을까?"

나는 숫자에 밝은 편이라 잠시 생각해 보고 대답했네.

"매달 10%를 저축하면 10년 후에는 1년 치 월급을 모을 수 있겠네요."

"절반만 맞았어. 자네가 모은 돈은 자네를 위해 일하는 노예와 같네. 부자가 되고 싶다면 자네가 모은 돈이 자네를 위해 일하도록 만들어야 하네. 부자가 되는 방법은 이것뿐일세. 이해가 되나?"

그는 내 표정을 살피면서 말을 이었네.

"내가 헛소리를 한다고 생각하는군. 자네가 내 말을 제대로 이해한다면 나는 자네에게 1,000배로 갚은 셈이야. 다시 한번 말하겠네. 번 돈의 일부를 반드시 저축하게. 월급이 적더라도 반드시 10%를 저축해야 하네. 할 수만 있다면 더 많은 돈을 저축하면 좋네. 남에게 먼저 돈을 쓰지 말고, 자신을 위해 먼저 돈을 쓰라는 뜻이네. 그리고 남은 돈에 맞춰 생활비를 써야 하네. 저축하고 남은 돈으로 무리해서 비싼 옷이나 신발을 사면 안 되네.

부(富)는 나무와 같네. 작은 씨앗에서 시작하지. 자네가 저축한 첫 번째 동전이 부의 나무가 될 씨앗이네. 씨앗을 빨리 심을수록 부의 나무는 더 빨리 자라나지. 자네가 꾸준히 저축하며 물을 주고 정성을 들일수록 나무는 더 빨리, 더 크게 자란다네. 부의 나무가 만들어 준 그늘에서 행복한 인생을 즐기며 쉬고 싶지 않나?"

이렇게 말하고 그는 점토판을 들고 돌아갔네. 나는 그의 말을 곱씹으며 곰곰이 생각해봤네. 꽤 그럴듯해 보였네. 속는 셈 치고 한번 해보기로 했지. 나는 월급을 받을 때마다 10%를 따로 저축했네. 이상하게 들리겠지만 그 돈이 없어도 전보다 쪼들리지는 않았네. 생활에도 별문제가 없었지. 물론 저축한 돈이 점점 모이자 쓰고 싶은 생각도 들었네. 외국에서 들어온 신기하고 진귀한 물건들이 자꾸 나를 유혹했거든. 하지만 슬기롭게 잘 참아냈지. 1년이 지났을 때 알가미쉬가 나를 찾아와서 말했네.

"자네, 지난 1년 동안 내가 말한 대로 번 돈의 10%를 저축했나?"

나는 자랑스럽게 대답했지.

"네, 어르신 말씀대로 저축했습니다."

그는 환한 미소를 지으며 말했네.

"잘했네. 그 돈으로 무엇을 했나?"

"벽돌공인 아즈무르(Azmur)에게 줬습니다. 페니키아로 여행을 간다고 하길래 진귀한 보석을 사 오라고 했어요. 돌아오면 보석을 비싸게 팔아 이익을 나누기로 했죠."

알가미쉬는 버럭 화를 내면서 말했네.

"꼭 당해 봐야 깨닫는 건가? 벽돌공이 보석에 대한 지식이 얼마나 있을까? 빵장수에게 가서 점을 치는 것과 뭐가 다른가? 생각이 있는 사람이라면 당연히 점성술사를 찾아갈 것이네. 1년 동안 자네가 모은 돈은 모두 허사가 됐네. 부의 나무를 뿌리째 뽑아버린 셈이지. 실망하지 말고 다시 나무를 심고 새로 시작하게. 다음부터 보석에 관해 조언을 얻으려면 보석상을 찾아가게. 양에 대해 알고 싶으면 양치기를 찾아가야 하네. 조언은 누구나 할 수 있네. 하지만 가치가 있는 조언만 잘 골라서 듣게. 저축이 뭔지 모르는 사람에게 저축에 대한 조언을 구하지 말게. 그런 사람의 말을 들으면 자네가 애써 모은 돈을 모두 탕진하게 될 걸세."

그는 이렇게 말하고 가버렸네. 그리고 실제로 그가 말한 대로 됐네. 아즈무르는 페니키아의 사기꾼에게 속아 싸구려 유리 조각을 잔뜩 가지고 왔네. 나는 실망하지 않고 다시 돈을 모으기 시작했지. 습관이 되어 그리 어렵지 않았네.

그렇게 1년이 지난 어느 날 알가미쉬가 나를 찾아와서 이렇게 말했네.

"그동안 잘 지냈나? 얼마나 많은 발전이 있었는지 궁금해서 왔네."

"다시 착실하게 돈을 모았습니다. 그리고 그 돈은 방패를 만드는 아가르(Aggar)에게 빌려주었습니다. 넉 달마다 이자를 받고 있습니다."

"잘했네. 이자로 받은 돈으로 뭘 하나?"

"꿀을 사고, 고급 포도주와 맛있는 빵을 즐기고 있습니다. 화려하고 멋진 옷도 한 벌 샀지요. 언젠가는 제가 탈 당나귀도 살 겁니다."

알가미쉬는 내 말을 듣고 웃음을 터뜨렸네.

"자네는 부의 나무에서 자란 열매를 모조리 먹어치우고 있구먼. 그 열매가 자네를 더 빨리 부자로 만들어 줄 수 있다는 생각은 안 하나? 그 열매가 자네를 위해 일하도록 하게. 그러면 나중에 멋진 잔치를 마음껏 열 수 있을 것이네."

알가미쉬는 이렇게 말하고 돌아갔네. 그 후 2년 동안 그를 볼 수 없었지. 다시 그를 만났을 때 그의 얼굴에는 세월의 흔적이 가득했네. 얼굴에는 주름이 늘었고 눈은 처져 있었지.

"젊은이, 자네가 꿈꾸던 부자가 되었나?"

"아직 원하는 만큼은 아닙니다. 하지만 어느 정도 돈을 모았습니다. 그 돈은 저를 위해 일하고 있습니다. 점점 불어나고 있지요."

"벽돌공에게 아직도 조언을 받고 있나?"

"벽돌에 관해서는 가끔 조언을 얻고 있습니다."

"내가 가르쳐 준 대로 잘하고 있군. 내가 가르친 것은 세 가지네. 첫째는 버는 돈보다 덜 쓰는 것이고, 둘째는 그 분야에 경험이 많은 사람에게 조언을 구하는 것이고, 마지막은 돈이 자네를 위해 일하도록 만드는 것이지. 자네는 돈을 어떻게 벌고, 모으고, 불리는지 모두 깨우쳤네. 이제 자네에게 안심하고 일을 맡길 수 있겠어. 나도 늙었네. 그런데 내 아들들은 돈을 쓰는 것만 생각하고 버는 것에는 관심이 없어. 혼자서 많은 재산을 관리하기가 버겁다네. 자네가 나를 도와줬으면 좋겠어. 자네가 니푸르(Nippur, 고대 메소포타미아의 도시)의 내 땅을 관리해 준다면, 자네를 내 동업자로 삼고 내 재산 일부를 자네에게 주겠네."

그리하여 나는 필경사를 그만두고 니푸르로 가서 그의 재산을 관리했지. 그의 재산은 정말 엄청났네. 나는 그의 재산을 맡아서 크게 불렸지. 나는 야망이 있었고 재산을 관리하는 세 가지 법칙을 깨달았기 때문이네. 나는 그렇게 부자가 되었고, 알가미쉬가 죽었을 때 그의 유언대로 그의 재산 일부도 물려받았지.

아카드가 이야기를 마치자 한 친구가 말했다.

"자네는 운이 좋았네. 알가미쉬에게 재산을 물려받았으니 말이야."

아카드가 말했다.

"알가미쉬를 만나기 전에 부자가 되고 싶은 열망을 지녔다는 점에서는 그렇게 볼 수 있네. 하지만 나는 4년 동안 수입의 10%를 착실하게 저축하면서 내 의지를 보여주지 않았나? 이게 과연 운일까? 어부가 오랫동안 물고기의 습성을 연구하여 물고기가 많은 곳을 알아내고 물고기를 가득 잡아온다면, 그것도 그저 운이라고 할 수 있나? 기회는 오만한 여신과 같네. 기회는 준비되지 않은 사람에게 찾아오지 않는 법이야."

다른 친구가 말했다.

"자네는 사기를 당해 1년 동안 모은 돈을 날렸지만 그래도 좌절하지 않고 계속 저축하는 의지를 보여줬네. 정말 대단하군."

아카드가 반박했다.

"의지력이라고? 말도 안 되네. 의지력만으로 낙타나 황소가 끌 수 없는 무거운 짐을 옮길 수 있을까? 의지력은 마음먹은 것을 해내겠다는 결심일 뿐이네. 나는 일단 목표를 세우면 아무리 사소한 일이라도 끝까지 해낸다네. 작은 일도 제대로 못 하면서 어떻게 중요한 일을 해낼 수 있겠나?

'앞으로 100일 동안 다리를 건널 때마다 돌을 주워 강에 던지리라.' 내가 이렇게 마음먹었다면 나는 꼭 그렇게 할 것이네. 그런데 내가 7일째에 깜박하고 다리를 그냥 지나쳤다면 어떻게 할 것 같나?

'오늘은 그냥 넘어가고 내일 두 개를 던져야지.' 이렇게 할 것 같나? 나는 다시 다리로 되돌아가서 강에 돌을 던질 것이네. 20일째쯤 되면 이런 생각을 할 수도 있네. '이건 정말 쓸데없는 짓이야. 매일 강에 돌을 던지는 게 다 무슨 소용이지? 한 번에 돌을 왕창 던지는 거랑 뭐가 다르지?'

하지만 나는 이런 생각을 하지 않네. 절대로 이런 말을 하지도 않고 이런 짓을 하지도 않을 거야. 그저 내가 목표를 세운 일을 끝까지 할 것이네. 그래서 나는 어렵거나 실현 가능성이 없는 일은 시작하지 않으려고 조심하네. 쓸데없는 노력을 할 필요는 없으니까 말이야."

또 다른 친구가 말했다.

"자네 말이 정말 그럴듯하네. 그렇다면 누구나 쉽게 부자가 될 수 있어야 하지 않나? 그런데 세상에 있는 돈은 일정한데 모두가 많이 가질 수는 없지 않나?"

아카드가 대답했다.

"부는 땀 흘리고 노력하는 만큼 자라난다네. 어떤 부자가 화려한 저택을 짓는다고 하세. 그러면 부자가 쓴 돈은 그냥 사라지나? 벽돌공도 돈을 받고, 일꾼도 돈을 받고, 예술가도 돈을 챙긴다네. 다시 말하면 저택을 지은 사람들이 골고루 나눠 가지네. 그런데 저택이 완성되면 어떨까? 저택을 짓는 데 들인 비용보다 더 높은 가치를 지니지 않겠나?

저택이 지어진 땅은 어떤가? 저택 때문에 그 땅은 더 높은 가치를 지닐 것이네. 저택 주변의 땅도 마찬가지로 가치가 높아지지. 이처럼 부는 마술과도 같이 자라난다네. 부의 한계는 아무도 모르네. 페니키아 상인들이 무역으로 돈을 벌어 버려진 해안에 찬란한 도시를 짓지 않았나?"

다른 친구가 물었다.

"우리도 부자가 되고 싶어. 그런데 세월이 흘러 이제 젊은이도 아니고 따로 모아둔 돈도 없네. 어떻게 해야 하나?"

"알가미쉬의 세 가지 가르침을 먼저 실천하게. 벌써 잊지는 않았겠지? '번 돈의 일부는 반드시 저축한다.' 아침에 눈을 뜨면 이 말을 반복하게. 점심에도 반복하고 저녁에도 반복하게. 매일매일 매시간 되새기게. 저 하늘이 마르고 닳도록 마음에 새겨야 하네. 이 가르침을 마음과 머릿속에 가득 채우게.

그리고 자신이 감당할 수 있는 만큼 저축하게. 적어도 수입의 10%는 되어야 하네. 물론 씀씀이를 줄여야 할 수도 있네. 그렇게 하면 머지않아 자신만의 보물을 가졌다는 사실을 알게 될 것이네. 재산이 불어나면 기쁨도 불어나는 법이네. 삶이 기쁨으로 가득 차고 더 많은 돈을 벌겠다는 의욕이 넘치지. 더 열심히 일하게 될 거야. 그렇게 소득이 늘어나면 더 많은 돈을 저축하고 싶어진다네.

다음으로 '돈이 나를 위해 일하도록 만드는 법'을 배우게. 돈이 자네를 위해 일하게 만들어야 하네. 돈이 돈을 벌도록 만들라는 말이네. 그렇게 미래를 위한 수입을 만들어야 하네. 주변의 힘 없는 노인들을 보지 않았나. 자네들도 언젠가는 노인이 될 것이네. 그러니 투자는 안전한 곳에 해야 하고 절대로 잃어서는 안 되네. 누가 지나치게 높은 수익률을 보장한다고 꼬셔도 속지 말게. 그런 사람을 믿으면 안 되네.

마지막은 '현명한 사람에게 조언 받기'라네. 돈을 불리고 싶다면 돈을 잘 다루는 사람에게 조언을 들어야 하네. 나처럼 벽돌공에게 보석에 대한 조언을 구하는 실수를 하지 말게. 돈이 느리게 불어나더라도 안전한 곳에 투자하게.

인생을 사는 동안 삶을 즐겨야 하지 않겠나? 수입의 10%를 넘겨 저축하는 건 좋지만 생활이 너무 궁핍해져서는 안 되네. 만약 그렇다면 10%만 저축하게. 그리고 수입에 만족하며 살게. 너무 인색한 사람이 되지 말게. 돈 쓰는 것을 너무 두려워해서도 안 되네. 한 번 사는 인생, 즐겁게 살아야 하지 않겠나."

친구들은 아카드에게 고맙다고 말하고 길을 나섰다. 몇몇은 무슨 말인지 알아듣지 못해서 아무 말도 없었다. 몇몇은 손꼽히는 부자인 아카드가 궁핍한 친구들과 부를 나눠야 한다고 빈정대기도 했다.

하지만 몇몇은 어둠 속에서 한 줄기 빛을 보았다. 그들은 알가미쉬가 필경사인 아카드를 왜 찾아갔는지 어렴풋이 깨달았다. 가난의 암흑 속에서 빠져나와 밝은 빛의 세상으로 가고자 하는 아카드의 의지를 보았기 때문이다. 아카드는 그 기회를 놓치지 않았다.

깨달음을 얻은 몇몇 친구들은 시간이 날 때마다 아카드를 찾아가 조언을 들었다. 아카드는 친구들을 반갑게 맞아주며 조언하고 지혜를 나눠주었다. 또한 친구들이 안전하게 투자하도록 도와주었다. 덕분에 친구들은 돈이 돈을 벌게 만들 수 있었다. 알가미쉬가 아카드에게 진리를 전해주었듯이, 아카드가 전해준 진리를 깨달은 친구들은 인생의 전환점을 맞이할 수 있었다.

번 돈의 일부를 저축하라.

핑크팬더의 Money Talk

돈 나무의 씨앗을 심어라

너무 쉽다고 생각되지 않는가? 수입의 10%를 꾸준히 저축하면 부자가 될 수 있다니! 어쩌면 허탈한 마음마저 들었을 것이다. 수입의 10%는 경제적 자유로 가는 기초를 닦아주고, 당신을 부자로 만들어 준다. 거창하고 대단할 것도 없다. 수입의 10%는 적다면 적은 돈이다.

'수입의 10%를 저축하면 부자가 될 수 있을까?' 이런 의구심이 드는 사람도 있을 것이다. 이 책을 읽은 지 20년이 되어가는 나도 처음에는 그랬다. 하지만 실천하겠다고 마음먹었다. 무슨 일이 있어도 수입의 10%를 모으기로 했다. 단지 그것뿐이었다. 무리해서 수입의 50%를 저축할 필요도 없다.

이 돈은 절대로 건드리면 안 된다. 당신을 부자로 만들어 줄 씨앗이다. 처음에는 적은 돈이지만, 당신이 회사에서 받는 연봉이 늘어나면 적립하는 돈도 점점 커진다. 버는 돈에 비례하여 쌓이는 돈도 늘어난다.

쌓인 돈은 그대로 통장에 있는 게 아니다. 당신을 위해서 일하게 된다. 그 돈은 시간이 지날수록 남에게 아쉬운 소리를 하지 않게 만들어 준다. 또한 남에게 손 벌릴 일도 없게 만든다. 책을 읽은 지 20년이 된 지금, 다시 읽고 무척 후회했다. '지금까지 쉬지 않고 수입의 10%를 저축했다면 어마어마한 금액이 되었을 텐데.'라며 말이다.

나는 지금도 수입의 10%를 열심히 적립하고 있다. 수입의 10%만 꾸준히 적립해도 얼마나 큰 금액이 되는지 몸소 체험했다. 실제로 나 말고도 내가 운영하는 52주 독서 참여자들도 이를 실천하고 있다. 몇 년이 지나 상당히 큰 금액이 모였다고 좋아하는 사람들이 많다. 이들은 부자가 되는 길을 가는 중이다.

당신도 할 수 있다. '겨우 그 정도 돈'이라고 생각한 사람이라면 더욱 실천하기 쉽지 않을까? 하자! 지금 당장!

제3장

얇은 지갑을 가득 채우는 7가지 비결

Seven Cures for a Lean Purse

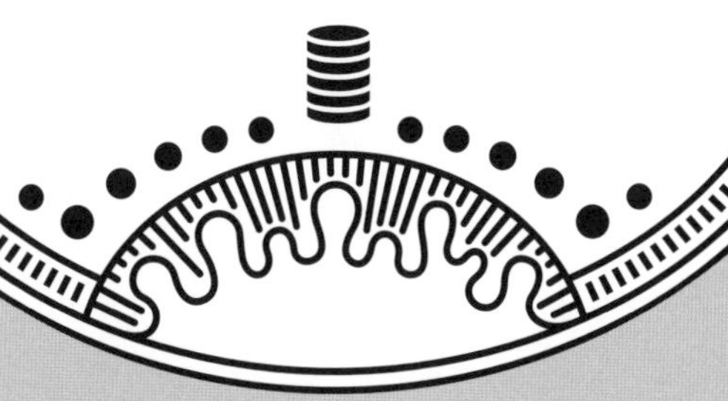

제3장

얇은 지갑을 가득 채우는 7가지 비결

아카드(Arkad)
바빌론 최고의 부자

사르곤(Sargon)
바빌론의 왕

아가르(Aggar)
방패공

안산(Ansan)
신발공

풍요로웠던 바빌론의 영광은 아득한 옛날부터 지금까지 전해 내려온다. 고대 바빌론은 가장 부유했던 도시이며, 놀라운 보물이 가득한 도시였다. 하지만 바빌론이 언제나 풍요로웠던 건 아니다. 바빌론의 풍요는 그 시대 사람들의 지혜 덕분이었다. 바빌론의 시민은 모두 부자가 되는 방법을 배우고 익혔기 때문에 풍요를 누릴 수 있었다.

성군이었던 사르곤(Sargon) 왕이 전쟁에서 승리하고 돌아왔을 때 바빌론은 심각한 문제를 겪고 있었다. 재무를 담당하는 신하가 왕에게 문제를 보고했다.

"우리는 오랫동안 번영을 누렸습니다. 폐하께서 관개수로를 건설하고 웅장한 신전을 건설하셨기 때문입니다. 이제 공사가 끝나서 백성들이 일할 곳이 없는 상황입니다. 백성들이 실업자가 되니 상인들의 장사도 신통치 않습니다. 백성들이 곡식을 살 돈이 없으니 농부들도 곡식을 팔지 못하고 있습니다."

사르곤 왕이 물었다.

"아니! 우리가 대공사를 벌이면서 쏟아부은 그 많은 돈이 다 어디로 갔단 말이오?"

"송구하오나 몇몇 부자의 손으로 들어간 것 같습니다. 염소젖이 여과기를 빠져나가듯이 모두 빠져나갔습니다. 이제 돈의 흐름이 막혀서 백성들의 수입이 변변치 않습니다."

왕은 잠시 생각에 잠기더니 다시 물었다.

"어떻게 몇 안 되는 부자들이 모든 돈을 가져갔단 말이오?"

신하가 답했다.

"그들은 돈을 버는 방법을 알기 때문입니다. 정당한 방법으로 돈을 벌었으니 욕할 수는 없습니다. 그렇다고 그들에게 돈을 빼앗아서 가난한 사람에게 나눠줄 수도 없습니다. 그건 정의가 아니니까요."

"모든 백성에게 돈을 버는 방법을 알려주면 어떻겠소? 그러면 모두 부자가 되지 않겠소?"

"폐하, 그렇긴 합니다. 하지만 누가 그들을 가르칠 수 있겠습니까? 성직자는 분명히 아닙니다. 성직자는 돈을 버는 방법을 모르니까요."

왕이 다시 물었다.

"바빌론에서 돈 버는 방법을 잘 알고 잘 가르칠 수 있는 자가 누구요?"

"폐하께서 정답을 말씀하셨습니다. 바빌론에서 가장 큰 부를 이룬 자가 아니겠습니까?"

"그렇군. 당연히 아카드겠군. 그가 바빌론에서 가장 부자니까. 내일 아침에 그를 데려오도록 하게."

다음 날 아침 아카드가 궁전에 들어왔다. 그는 일흔이 넘었지만 여전히 정정하고 활기찬 모습이었다.

"아카드, 자네가 바빌론에서 가장 부자인가?"

"그렇다고들 합니다. 여기에 대해 아무도 토를 달지는 않습니다."

"그대는 어떻게 그리 큰 부자가 되었나?"

"기회를 잘 이용했습니다. 바빌론의 모든 사람에게 찾아오는 기회를 잘 잡았을 뿐입니다."

"무일푼에서 시작했다고 들었네? 맞나?"

"맞습니다. 부자가 되겠다는 열망 하나로 시작했습니다."

왕이 계속 말했다.

"아카드, 지금 바빌론은 아주 난처한 상황이라네. 돈을 버는 방법을 아는 몇몇 사람이 부를 움켜쥐고 있기 때문일세. 백성들은 돈을 벌고, 모으고, 지키는 방법을 모른다네. 나는 바빌론을 세상에서 가장 부유한 도시로 만들고 싶네. 그러려면 먼저 백성들이 부자가 되어야 하겠지. 나는 백성들에게 돈을 벌고 모으는 법을 가르쳐 주고 싶네. 말해 보게. 부자가 되는 비결이 있는가? 그 비결을 가르칠 수 있겠나?"

"폐하, 부자가 되는 비결은 간단합니다. 다른 사람에게 쉽게 가르칠 수 있사옵니다."

왕의 눈빛이 반짝였다.

"아카드, 내가 듣고 싶었던 말일세. 자네가 이 일을 맡아 주겠나? 자네의 지식을 백성들에게 가르쳐 주게. 자네에게 배운 사람들이 다시 다른 사람을 가르치면, 방방곡곡의 모든 백성이 부자가 되는 비결을 배울 수 있을 것이네."

아카드가 고개를 조아리며 말했다.

"저는 폐하의 신하입니다. 명을 받들겠습니다. 기꺼이 제가 아는 지식을 전하여 백성들이 부자가 되게 하겠습니다. 대신에게 명하여 100명이 배울 수 있는 장소를 마련해 주십시오. 저를 부자로 만들어 준 7가지 비결을 가르치겠습니다."

2주 후 왕의 명령에 따라 선발된 100명이 배움의 전당에 모였다. 아카드는 작은 탁자 옆에 앉아 있었다. 탁자에는 향초가 밝게 타오르며 그윽한 향을 풍기고 있었다. 아카드가 의자에서 일어서자 한 사람이 옆 사람을 팔꿈치로 툭 치며 속삭였다.

"저 사람이 바빌론 최고의 부자라며? 우리랑 별로 다를 것도 없구먼."

아카드가 강의를 시작했다.

"나는 위대한 왕의 신하로서 이 자리에 섰네. 나도 한때 부자를 꿈꾸었던 가난한 젊은이였지. 하지만 돈을 버는 지혜를 깨닫고 부자가 되었다네. 덕분에 폐하께서 자네들에게 내 지식을 나눠주라고 명하셨네.

처음에는 나도 아주 초라하게 시작했다네. 자네들이나 바빌론의 평범한 사람처럼 말이야. 내 낡아 빠진 지갑은 언제나 텅 비어 있었네. 나는 텅 빈 지갑이 끔찍하게 싫었네. 지갑 속을 황금으로 가득 채우고 싶었지. 나는 그 방법을 찾아 나섰고 마침내 7가지 비결을 찾았네.

얄팍한 지갑을 가득 채워 줄 7가지 비결을 자네들에게 알려주겠네. 7가지 비결은 자네들을 부자로 만들어 줄 것이네. 앞으로 7일 동안 하루에 하나씩 설명할 것이네.

내가 하는 말을 잘 새겨듣게. 나와 논쟁도 하고 자네들끼리 토론도 하게. 내 수업을 잘 듣고 배워서 자네들 지갑에 부의 씨앗을 심게. 먼저 자네들이 부자가 되어야 한다네. 그래야 다른 사람들이 이 비결을 배우려고 하지 않겠나?

지갑을 가득 채우는 방법은 간단하네. 하나씩 차근차근 알려주겠네. 부의 성전으로 가는 첫걸음이 가장 중요한 법이야. 첫걸음부터 발이 꼬이면 절대로 부의 성전에 도착할 수 없기 때문이지. 이제 첫 번째 비결을 얘기하겠네."

첫 번째 비결 – 저축을 시작하라

아카드는 두 번째 줄의 생각에 잠긴 사람에게 말했다.

"자네는 어떤 일을 하나?"

"저는 점토판에 글을 기록하는 필경사입니다."

"나도 그런 일을 하면서 돈을 벌었지. 그러니 자네도 부자가 될 기회가 있네."

아카드는 뒤쪽에 앉은 얼굴색 좋은 사람에게 물었다.

"자네는 무슨 일로 생계를 꾸리나?"

"저는 도축업을 합니다. 농부에게 염소를 사서 잡은 후 고기는 아낙네들에게 팔고 가죽은 신발 업자에게 팝니다."

"자네도 직업이 있고 그걸로 돈을 버는군. 나도 그랬다네. 자네도 나처럼 부자가 될 수 있을 걸세."

아카드는 모든 사람의 직업을 물어보고 대답을 들었다. 질문을 마치고 아카드는 이렇게 말했다.

"돈을 버는 직업은 참으로 다양하다네. 이 모든 것이 자네들의 지갑을 채워주는 황금 물줄기지. 물론 각자의 능력에 따라 물줄기의 크기는 다르지만 말이야. 그렇지 않나?"

학생들은 그렇다며 고개를 끄덕였다.

"자네들이 돈을 모으려고 하면 어떻게 해야 하나? 뭔가 특별한 일을 시작해야 할까? 당연히 아닐세. 이미 자네들이 잘 쌓아놓은 직업을 밑천으로 삼아야 한다네. 그렇지 않나?"

아카드의 말에 학생들은 모두 동의했다. 그러자 아카드는 달걀 상인을 쳐다보며 말했다.

"자네가 매일 아침 열 개의 달걀을 바구니에 넣고, 저녁에 아홉 개만 꺼낸다면 어떻게 되겠나?"

"머지않아 바구니가 가득 차서 넘칠 겁니다."

"왜 그런가?"

"매일 바구니에 달걀이 하나씩 쌓이니까요."

아카드는 미소 지으며 학생들을 둘러보았다.

"여기 지갑이 텅 빈 사람이 있나?"

학생들은 재미있다는 표정을 지으며 웃음을 터뜨렸다. 텅 빈 자기 지갑을 꺼내 익살맞게 흔들어대기도 했다.

아카드는 계속 말을 이었다.

"좋네. 이제 얇은 지갑을 가득 채울 첫 번째 비결을 알려주겠네. 방금 달걀 상인에게 말한 것처럼 하면 되네. 자네들 지갑에 10개의 동전이 들어왔다면 9개만 꺼내 쓰게. 그러면 금방 지갑이 두둑하게 될 걸세. 두둑한 지갑은 자네들의 기분을 좋게 만든다네. 자네들의 영혼도 만족시켜 주지.

비결이 너무 간단하다고 우습게 생각하지 말게. 진리는 언제나 단순한 법이야. 이것이 바로 내가 부자가 된 비결이네. 사실 나도 자네들과 마찬가지였어. 한없이 얇은 내 지갑을 원망하고 저주했지. 하지만 지갑에 동전 10개를 넣고 9개만 꺼내 쓰기 시작하면서 금세 지갑이 두툼해지기 시작했네. 자네들의 지갑도 금방 두툼해질 것이네."

두 번째 비결 – 씀씀이를 관리하라

둘째 날 수업이 시작되었다.

"어제 어떤 학생이 이렇게 질문했네. '선생님, 어떻게 10%씩 저축할 수 있나요? 벌어들인 돈을 죄다 써도 먹고살기 힘든데요.' 좋은 질문이야. 오늘은 이 문제를 생각해 보겠네. 어제 지갑이 텅 비었다고 말한 사람이 몇 명이었나?"

"모두 텅 빈 지갑이었습니다."

"자네들은 모두 돈을 벌고 있네. 물론 모두가 똑같이 버는 건 아니지. 어떤 사람은 남들보다 더 많이 벌기도 하네. 하지만 어떤가? 자네들의 지갑은 모두 얇았지. 자네들에게 진리를 하나 말해주겠네. 우리가 살아가는 데 없어서는 안 되는 '필수 비용(necessary expenses)'이 있네. 그런데 소득이 늘어날수록 필수 비용도 함께 늘어나네. 지출을 통제하지 않으면 필수 비용은 계속 늘어나기 마련이지.

하지만 필수 비용과 욕망을 혼동하면 안 되네. 사람은 버는 돈에 만족하지 못하는 법이야. 버는 돈보다 더 많은 것을 누리고 싶은 욕망이 있기 때문이지. 수입이 늘어날수록 욕망을 채우기 위한 소비도 늘어나는 법이네. 그렇게 돈을 써도 채우지 못한 욕망이 마음속에 남아 있지.

우리는 모두 욕망이라는 짐을 지고 살아간다네. 자네들은 내가 부자라서 모든 욕망을 다 충족하며 산다고 생각하나? 그렇지 않네. 시간도 부족하고 힘도 부치기 때문이네. 내가 여행을 가면 얼마나 멀리 갈 수 있겠나. 먹고 놀고 즐기는 열정에도 한계가 있다네.

농부가 신경 쓰지 않은 땅에는 어김없이 잡초가 자라나네. 사람 마음도 마찬가지야. 욕망은 비집고 들어갈 틈이 있으면 우리 마음속에 뿌리를 내리고 자라나지. 세상에는 온갖 욕망이 넘치지만 우리에게 꼭 필요한 욕망은 몇 안 된다네.

자네들의 생활 습관을 자세히 살펴보게. 분명히 줄이거나 없앨 수 있는 지출이 있을 것이네. 좌우명을 이렇게 정하게. '반드시 그만한 가치가 있는 곳에 돈을 쓰겠다.'

자네들의 욕망을 점토판에 적어보게. 그중에서 없어서는 안 될 '필수 비용'과 소득의 90%로 해결할 수 있는 것들을 골라내게. 나머지는 모두 지워버리고 쓸데없는 욕망이라고 생각하게.

살아가는 데 필수적인 비용 위주로 예산을 세우게. 자네들의 지갑을 두툼하게 해줄 10%는 절대 건드리면 안 되네. 자네들이 채울 욕망은 바로 이것이네. '수입의 10%는 절대로 건드리지 않겠다.' 이렇게 예산을 잘 짜고 예산에 맞춰서 생활하면 자네들의 지갑이 두툼해질 것이네."

그러자 화려하고 멋진 옷을 입은 학생이 일어나 말했다.

"저는 자유 시민입니다. 세상에 태어나서 인생을 즐기고 누리는 것은 제 권리라고 생각해요. 그런데 예산의 노예로 살라니요? 제가 어디에 얼마를 쓰는지 간섭받는 삶은 끔찍합니다. 무거운 짊을 나르는 당나귀와 같은 신세는 싫다고요. 저는 자유를 누리며 인생을 즐기고 싶습니다."

아카드는 대답했다.

"이보게, 자네 예산을 누가 짜나?"

"당연히 제가 짜지요."

"이렇게 생각해 보세. 당나귀가 사막을 건너려고 짐을 꾸린다면 무엇을 챙기겠나? 값비싼 황금, 보석, 카펫을 넣겠나? 아니겠지. 먹을 건초와 마실 물을 챙길 것이네.

마찬가지네. 우리가 예산을 짜는 이유가 뭔가? 지갑을 두둑하게 만들기 위함이라네. 예산은 자네가 꼭 필요한 물품을 먼저 마련하도록 돕는다네. 그리고 남은 돈으로 필수적이지 않은 다른 욕망을 채우도록 도와주지. 즉 예산은 자네가 충동구매에 빠지지 않도록 하네. 예산은 소중한 욕망을 먼저 이루도록 돕는 셈이지. 어두운 동굴을 밝히는 횃불처럼 예산은 지갑에서 돈이 새는 곳을 보여주고, 그곳을 막을 수 있도록 하네. 다시 말하면, 예산은 꼭 필요한 곳에 적절히 돈을 쓰게 도와주는 훌륭한 도구라네."

아카드는 학생들을 둘러보며 말을 이었다.

"지금까지 말한 것이 두 번째 비결이네. 수입의 90% 범위에서 예산을 세우고, 예산 범위에서 꼭 필요한 물품을 사고, 남은 돈으로 인생을 즐기게."

세 번째 비결 - 돈을 불려라

셋째 날 아카드의 수업이 시작됐다.

"자네들, 수입의 10%를 저축했나? 얇은 지갑이 조금은 두툼해졌으리라 믿네. 자네들은 수입의 10%를 저축하는 방법을 배웠고, 지출을 관리하는 방법도 배웠어. 이제 모은 돈을 굴려서 불리는 방법을 배울 차례일세.

돈이 모이면 그것만으로도 뿌듯하네. 보기만 해도 배가 부르지. 하지만 우리가 모은 돈은 시작일 뿐이네. 이제 이 돈을 일하게 하여 재산을 늘려야 하네. 어떻게 하면 돈이 일하게 할 수 있을까? 답은 바로 투자일세. 내 첫 투자는 실패하고 돈을 몽땅 잃었다네. 이 이야기는 나중에 자세히 말해주겠네.

내 첫 투자 수익은 방패를 만드는 아가르(Aggar)에게 돈을 빌려주고 받은 이자였지. 아가르는 매년 해외에서 들어오는 청동을 사서 방패를 만든다네. 그런데 때마침 상인에게 지급할 돈이 없어 내게 돈을 빌렸지. 그는 믿을 만한 사람이었네. 방패를 팔아서 번 돈으로 원금과 이자를 갚았지.

다음 해에도 나는 받은 원금과 이자를 합쳐서 다시 아가르에게 빌려주었네. 이자가 이자를 낳아 복리의 효과를 봤지. 이런 식으로 내 자본은 늘어나고 받는 이자도 늘어났다네. 돈을 굴려서 눈덩이처럼 불리는 일은 정말 즐거웠네.

잊지 말게. 부는 지갑에 넣고 다니는 돈이 전부가 아니네. 부는 끊임없이 흐르는 황금 물줄기에 달렸네. 즉 돈이 일하게 만들고, 소득이 끊임없이 지갑으로 흘러들어오게 해야 하지. 누구나 이런 수입원을 원한다네. 자네들도 원하지 않나? 자네들이 일하든 여행을 다니든 상관없이 지갑을 채워주는 그런 수입원 말일세.

나는 그런 수입원을 꽤 많이 만들었네. 사람들이 나를 큰 부자라고 부르는 이유가 뭐겠나? 끊임없이 흐르는 황금 물줄기를 만들었기 때문이네. 나는 아가르에게 투자하여 성공을 거뒀고 이 경험으로 지혜와 자신감을 얻었네.

나는 자본이 불어나는 대로 계속 돈을 빌려주고 투자도 늘렸어. 처음에는 하나였던 황금 물줄기가 여러 개로 늘어나면서 내 지갑은 두툼해졌네. 이 돈을 어떻게 써야 현명한지 고민할 정도로 말이야.

처음에는 보잘것없는 돈으로 작은 황금 물줄기를 만들었네. 그 물줄기는 나를 위해 일하면서 돈을 벌어주기 시작했지. 그렇게 하나둘씩 황금 물줄기가 늘어나기 시작했어. 시간이 흐르자 내 재산은 눈덩이처럼 크게 불어났네.

이야기 하나를 들려주겠네. 한 농부가 있었어. 첫아들이 태어나자 농부는 대금업자에게 은화 열 냥을 맡기면서 아들이 20살이 될 때까지 그 돈을 불려달라고 부탁했지. 대금업자는 4년마다 원금의 25%를 이자로 지급하겠다고 말했네. 그러자 농부는 이 돈은 아들을 위해 따로 마련한 여윳돈이니 이자도 원금에 포함하여 계속 불려달라고 말했지.

아들이 스무 살이 되었을 때 농부는 대금업자를 찾아가서 맡겨놓은 돈이 얼마가 되었는지 물었네. 대금업자는 돈이 복리로 불어나서 은화 30.5냥이 되었다고 답했네. 농부는 무척 기뻐했지. 하지만 아들에게 그 돈은 아직 필요하지 않아 계속 대금업자에게 맡겼네. 농부가 세상을 떠나고 아들이 50

살이 되었을 때 대금업자는 은화 167냥을 지급했네. 50년 동안 이자에 이자가 붙어서 17배로 늘어난 셈이지.

이것이 바로 세 번째 비결이네. 초원의 양들이 새끼를 낳듯이 돈이 돈을 벌도록 해야 하네. 지갑으로 돈이 끊임없이 흘러들어 오도록 만들게."

네 번째 비결 - 돈을 잃지 말고 지켜라

넷째 날 수업이 시작되었다.

"불행은 황금처럼 빛나는 것을 좋아하네. 그러니 지갑 속 돈을 잘 지켜야 하네. 그렇지 않으면 금세 사라지고 말지. 적은 돈이라고 가볍게 생각하면 안 되네. 적은 돈을 지키지 못하는데 어찌 큰돈을 지키겠나?

우리는 살아가며 크고 작은 유혹을 받네. 혹시 주변에서 큰돈을 벌 수 있는 곳이 있으니 투자하라는 얘기를 들어본 적이 없나? 친구나 친척이 찾아와서 그럴듯한 이야기를 하면 귀가 팔랑거리기 마련이라네.

하지만 투자의 첫 번째 원칙은 원금을 지키는 것이네. 아무리 매력적이라도 원금을 잃을 수 있는 위험한 곳에 투자하면 안 되네. 실패의 대가는 크기 때문이야. 그러니 피땀 흘려 모은 돈을 투자하기 전에 신중하게 따져봐야 하네. 반드시 원금의 안전성을 살펴보게. 하루빨리 부자가 되고 싶다는 욕심에 현혹되지 말게.

다른 사람에게 돈을 빌려주기 전에 꼭 확인하게. 이 사람이 돈을 갚을 능력이 있는지, 돈을 잘 갚는다는 평판이 있는지 말이야. 그래야 힘들게 모은 돈을 잃지 않는다네.

또 어떤 사업에 투자하든지 먼저 그 사업의 위험성을 먼저 파악해야 하네. 내 첫 투자는 완전한 실패였지. 1년 내내 힘겹게 모은 돈을 벽돌공 아즈무르에게 맡겼네. 아즈무르가 페니키아로 여행 갈 때 진귀한 보석을 사 오라고 했지. 그가 돌아오면 보석을 팔아 이익을 나누기로 했었거든. 하지만 아즈무르는 사기꾼에게 속아 싸구려 유리 조각을 가지고 돌아왔지. 나는 땀 흘려 모은 돈을 날리고 말았네.

정말 소중한 경험을 했네. 벽돌공에게 보석을 사다 달라고 부탁한 건 정말 어리석은 짓이었지. 내가 이 경험에서 얻은 지혜는 무엇이겠나? 투자할 때 자신의 지혜를 너무 믿어서는 안 된다는 것이네. 또한 그 분야의 경험자에게 조언을 구해야 한다는 점이네. 그 분야를 잘 아는 사람의 조언을 잘 새겨들으면 큰 손실을 막아주는 법이네.

지금까지 말한 것이 네 번째 비결이네. 돈을 벌고 모으는 것도 중요하지만 모은 돈을 잃지 않는 것도 중요하네.

다시 정리하겠네. 첫째, 원금을 안전하게 지킬 수 있고, 필요할 때 원금을 되찾을 수 있는 곳, 적절한 이익을 볼 수 있는 곳에 투자하게. 그래야 돈을 지킬 수 있네. 둘째, 그 분야의 경험자에게 조언을 구하게. 그의 경험과 지혜가 귀중한 돈을 지켜줄 것이네."

다섯 번째 비결 – 집을 사라

다섯째 날 수업이 시작되었다.

"수입의 10%를 저축하고 나머지 돈으로 생활하라고 가르쳤네. 만약 수입의 80%로 생활해도 쪼들리지 않는다면 어떻겠나? 그러면 일부를 수익성 높은 곳에 투자하여 재산을 더 빠르게 불릴 수 있네.

바빌론 사람 대부분이 열악한 환경의 집에서 살고 있네. 비싼 임대료를 내고 있지만 아내가 꽃을 가꿀 화단도 없고 아이들이 뛰어놀 공간도 없네. 아이들은 더럽고 비좁은 골목으로 내몰리고 있지. 아이들이 마음껏 뛰놀고 아내가 꽃과 채소를 키울 땅이 없다면 어찌 인간다운 삶을 산다고 말할 수 있겠나?

자기 마당에서 키운 포도를 따먹으면 얼마나 행복하겠나? 내 소유의 집은 그런 곳이네. 내 집을 소유하면 뿌듯한 마음이 들고 자신감도 심어준다네. 일할 때도 열정을 가지고 더욱 최선을 다하게 되는 법이지.

나는 자네들에게 가족을 지켜줄 안식처인 집을 사라고 권하고 싶네. 의지만 있다면 누구나 집을 소유할 수 있다네. 위대한 사르곤 왕이 영토를 얼마나 넓혀놓았나? 바빌론에는 아직 개간되지 않은 땅이 많다네. 부지런히 발품을 팔면 합리적인 가격의 집을 살 수 있네.

집값이 비싸서 못 산다는 말은 하지 말게. 열심히 모은 돈이 얼마간이라도 있고 소득도 있다면 적당한 집을 살 수 있네. 대금업자가 집을 담보로 부족한 돈을 빌려주기 때문이지. 그리고 집주인에게 월세를 내듯이 대금업자의 빚을 갚아나가면 되네. 갚을 때마다 빚이 줄어드니 언젠간 빚을 청산하고 온전한 집주인이 될 것이네.

그러면 가족들이 얼마나 기뻐하겠나? 행복에 겨운 집사람이 더 열심히 내조하지 않겠나? 자주 이사 다니지 않아도 되니 아이들도 좋아할 것이네. 자기 집을 소유하면 좋은 점이 많네. 임대료를 내지 않아도 되니 더 많은 돈을 모을 수 있네. 또한 인생을 즐기고 누리는 데 더 많은 돈을 쓸 수 있지. 그러니 '집을 꼭 사게.' 이것이 다섯 번째 비결이네."

여섯 번째 비결 – 미래 수입원을 마련하라

여섯 번째 수업이 시작되었다.

"태어나자마자 우리의 삶은 시작되고 노년을 향해 달려가네. 이것은 변하지 않는다네. 신이 우리를 하늘로 데려가지 않는 한 이 운명에서 벗어날 수 없네. 따라서 우리는 기력이 다해 일할 수 없게 될 때를 대비하여 적절한 수입원을 마련해야 하네. 갑자기 불행한 사고를 당해 가족을 부양할 수 없는 상황도 준비해야 하지.

오늘 수업을 잘 듣게. 훗날 자네들에게 예상치 못한 상황이 닥치더라도 두둑한 지갑을 유지하도록 도와줄 것이네. 부자가 되는 원리를 깨달아 재산이 늘어나고 있는 사람이라도 반드시 미래를 대비해야 하네. 늙고 병들어 일하지 못하게 되더라도 안락한 삶을 누려야 하지 않겠나?

미래를 대비하는 방법은 여러 가지가 있네. 예를 들어, 아무도 모르는 장소에 보물을 묻어두는 방법이 있네. 하지만 아무리 잘 숨겨둔다고 해도 도둑맞을 수 있지. 이런 방법을 추천하고 싶지는 않네.

집이나 땅을 사두는 방법도 있네. 미래에 그 지역이 어떻게 개발되고 어떤 가치를 지닐지 현명하게 판단하여 잘 고른다면 훌륭한 투자가 되네. 임대 수입을 올릴 수도 있고 비싼 가격에 되팔 수도 있지.

대금업자에게 돈을 빌려주는 방법도 있네. 정기적으로 이자를 받아 돈을 불릴 수 있지. 나는 신발을 만드는 안산(Ansan)이라는 사람을 알고 있네. 안산은 8년 동안 매주 은 2냥을 대금업자에게 맡기고 4년마다 25%의 이자를 받았지. 그가 맡긴 돈이 지금 얼마로 불어났을 것 같나? 무려 은화 1,040냥이나 된다네

그가 이 돈을 다시 대금업자에게 맡기고, 12년 동안 매주 은화 2냥을 추가로 맡긴다면 얼마가 될 것 같은가? 계산해 보면 대략 4,000냥이 된다네. 이 정도면 그가 넉넉한 여생을 보낼 수 있을 만큼 큰돈이지.

적은 돈을 꾸준히 저축해도 이렇게 엄청난 수익을 올릴 수 있다네. 의지만 있다면 그리 어려운 일이 아니야. 편안한 노년을 위해, 가족의 미래를 위해 이 정도는 준비해야 하지 않겠나? 장기적으로 바라보고 자네들 수입과 형편에 맞게 미래를 대비하길 바라네.

이것에 대해 좀 더 말하고 싶은 게 있네. 나는 미래의 언젠가는 갑작스러운 죽음을 대비하여 서로 상부상조하는 제도가 만들어질 거라고 믿네. 이를테면 사람들이 매달 조금씩 돈을 내서 모아두고, 누군가 세상을 떠나면 그 가족에게 목

돈을 지급하는 식이지.

이 제도는 매우 바람직하지만 지금은 불가능하네. 이 제도는 수백 년 동안 장기적으로 꾸려나갈 수 있어야 하기 때문이야. 지금은 모두가 믿고 돈을 맡길 만한 단체도 없고, 이렇게 큰돈을 장기간 안정적으로 운용할 수 있는 체계도 없지. 언젠가는 이런 제도가 만들어져 사람들이 그 혜택을 누릴 수 있으리라 생각하네.

하지만 우리는 그런 제도가 없는 시대에 살고 있네. 따라서 우리는 지금 시대에 맞는 방법으로 미래를 준비해야 하네. 지금 가능한 방법을 찾게. 조금씩 돈을 모아 미래를 대비해야 하네. 늙고 병들어 일할 수 없는 사람이나 가장을 잃은 가족에게 가난은 고통이기 때문이네.

'노후를 대비하여 가족의 삶을 보장할 방법을 준비하게.' 여섯 번째 비결은 바로 이것이네."

일곱 번째 비결 – 돈 버는 능력을 키워라

아카드의 일곱 번째 수업이 시작되었다.

"얇은 지갑을 두툼하게 만드는 가장 중요한 비결을 얘기하겠네. 그런데 오늘 수업은 돈에 대한 얘기가 아니라네. 형형색색의 옷을 입고 있는 자네들에 대한 얘기야. 성공과 실패는 바로 자네들의 마음가짐에 달렸다는 걸 명심하게.

얼마 전에 한 젊은이가 나에게 돈을 빌리러 찾아왔네. 나는 돈을 빌리려는 이유를 물었지. 젊은이는 열심히 일해도 벌이가 시원찮다며 불평했어. 이런 사람에게 돈을 빌려줄 사람은 없네. 돈을 갚을 능력이 되지 않으니 말이야.

나는 젊은이에게 말했네.

'젊은이, 자네가 해야 할 일은 돈을 더 버는 것일세. 자네는 돈을 벌기 위해 어떤 노력을 하고 있나?'

젊은이가 대답했네.

'제가 할 수 있는 건 뭐든 다 합니다. 두 달간 사장을 찾아가 월급을 올려달라고 사정했었죠. 물론 헛수고였어요. 하지만 저처럼 끈질기게 사정한 사람은 없었을 겁니다.'

이 말을 들으니 어떤가? 자네들도 아마 웃음이 나올 거야. 하지만 나는 젊은이의 장점을 발견했네. 그건 바로 돈을 더 벌겠다는 열망이네. 그 열망은 칭찬할 만했지. 무언가를 성취하려면 열망이 있어야 한다네. 어떤 상황에도 흔들리지 않는 강한 열망, 분명하고 정확한 열망이 필요하지. 막연한 열망은 그저 헛된 소망일 뿐이네.

그저 부자가 되고 싶다는 욕망은 너무 막연하네. 그러나 금화 다섯 냥을 가지겠다는 열망은 어떤가? 이렇게 구체적인 열망은 어떻게든 밀어붙이고 노력해서 이룰 수 있네. 금화 다섯 냥이라는 목표를 이루면 비슷한 방법으로 금화 열 냥도 모을 수 있지. 당연히 언젠가는 천 냥도 벌 수 있다네. 그리고 결국 부자가 될 것이네.

그러니 작고 확실한 열망을 세우고 이를 성취하게. 작은 것을 성취하면 더 큰 열망을 품게 된다네. 돈은 이렇게 벌고 모은다네. 처음에는 적은 돈부터 시작하여 점차 큰돈을 모으는 방법을 배우고 성취하는 것이지. 열망은 간단하고 구체적이어야 하네. 열망이 너무 크고 복잡하면 안 되네. 아무리 노력해도 이룰 수 없는 열망은 결국 좌절로 끝나기 때문이지.

먼저 자네들의 직업에서 최고가 되려고 노력하게. 그러면 돈 버는 능력은 자연스럽게 키워진다네. 나도 푼돈을 받으며 점토판에 글을 새기던 필경사였지. 물론 나보다 더 많은 돈을 받는 필경사도 있었어. 그 필경사가 나보다 더 많은 점토판에 글을 새겼기 때문이었지. 그걸 보며 나는 최고의 필경사가 되겠다고 결심했네.

나는 곧 성공한 필경사의 비결을 찾아냈네. 일에 흥미를 느끼게 되자 더욱 일에 집중하게 되었지. 더 집중하고 더 끈질기게 노력하자 나보다 많은 글을 새기는 필경사는 찾아보기 어려워졌네. 당연히 나는 노력과 능력에 걸맞은 보상을 받았지. 내 능력을 알아달라고 여섯 번이나 사장을 찾아갈 필요가 없었네.

사람은 일을 배울수록 능력이 향상되고 더 많은 돈을 버네. 자네들에게 필요한 재능을 가진 사람을 찾아 배우게. 그러면 보상이 따라온다네. 자네들이 기술자라면 그 분야의 뛰어난 기술자의 방법과 그가 도구를 사용하는 방법을 배우게. 변호사나 의사라면 서로 소통하고 지식을 나누게. 상인이라면 좋은 물건을 싸게 살 방법을 연구하고 찾아야 하네.

세상은 언제나 변하고 진보하는 법이네. 부자가 되고자 하는 사람들이 더 나은 기술을 만들고 더 나은 서비스를 제공하기 때문이야. 그러니 자네들도 변화에 앞장서야 하네. 현재에 안주하면 뒤처지고 만다네. 세상은 늘 진보하네. 늘 새로운 것들이 생겨나서 우리 삶을 풍요롭게 하지. 세상에 도움이 되는 사람이 되고 싶다면 다음 원칙을 지키게.

첫째, 능력 범위에서 빚을 먼저 갚게. 능력이 없거나 갚을 방법이 없는데 무리해서 물건을 사면 안 되네.

둘째, 가족을 먼저 돌보고 가족에게 칭찬받게. 그래야 자네들의 평판도 좋아지네.

셋째, 유언장을 작성해 두게. 그래야 신이 부를 때 가족 간의 다툼이 없네.

넷째, 능력 범위에서 가난한 사람에게 자비를 베풀게. 또한 소중한 사람들에게 상처 주지 않도록 사려 깊게 대하게.

정리하면, 자신의 능력을 키우고, 배우고 익혀 현명해지고, 다른 사람에게 존중받는 사람이 되어야 하네. 이렇게 하면 꿈을 이룰 수 있다는 자신감이 생길 것이네.

이것이 일곱 번째 비결이네. 내 오랜 인생 경험에서 터득한 것이지. 나는 모든 사람이 부자가 되기를 바란다네. 바빌론은 황금과 기회로 가득 차 있네. 꿈꾸는 만큼 충분히 얻고 누릴 수 있지. 자네들은 이 진리를 꼭 실천하기 바라네! 자네들이 먼저 부자가 되게. 그리고 바빌론의 백성들에게 이 진리를 전해주게. 누구나 바빌론의 부를 누릴 자격이 있네."

7가지 비결을 지키면
누구나 얇은 지갑을 가득 채울 수 있다.

핑크팬더의 Money Talk

지금 당장 7가지 비결을 실천하라

부자가 되고 싶은가? 바빌론 최고의 부자인 아카드는 딱 일곱 가지만 지키라고 한다.

첫 번째 비결 – 저축을 시작하라.

두 번째 비결 – 씀씀이를 관리하라.

세 번째 비결 – 돈을 불려라.

네 번째 비결 – 돈을 잃지 말고 지켜라.

다섯 번째 비결 – 집을 사라.

여섯 번째 비결 – 미래 수입원을 마련하라.

일곱 번째 비결 – 돈 버는 능력을 키워라.

이것이 바로 돈 버는 지혜이고 지식이다. 수많은 책을 읽고 강의를 들어도 여기에서 벗어나는 건 하나도 없다. 누구나 처음에는 초라하다. 지갑과 통장은 언제나 텅 비어 있다. 월급날 돈이 들어와도 순식간에 통장에서 사라진다.

특별한 일이 없다면 당신은 평생 그렇게 살 것이다. 열심히 해도 상황은 변하지 않고 쳇바퀴처럼 끝없이 돌아간다. 언제까지 한탄하고 통장에 돈 없음을 원망하고 세상에 저주를 퍼부을 텐가?

지금 당장 일곱 가지 비결을 시작하라. 비결이라고 할 것도 없다. 이미 누구나 알고 있다. 일곱 가지 비결을 몰랐던 사람이 있을까? 이 책을 읽는 당신도 시도해 보지 않았을 뿐 많이 들어서 알고 있던 내용이다.

부의 성전에 도착하고 싶다면 어떤 일이 있더라도 일곱 가지를 지키겠다고 당장 맹세하라. 어렵다고 생각하지 말고 수입의 일정 금액을 저축하는 것부터 시작하라. 그럴 돈이 없다고 생각하는가? 그렇다면 적금통장을 만들어 단돈 만 원이라도 자동이체를 시작하라.

그 돈이 없어도 당신이 살아가는 데 어려움을 겪거나 불편을 느끼지 않을 것이다. 너무 큰 금액으로 시작하면 부담스러워서 포기하게 된다. 그러니 부담 없는 금액으로 적금을 시작하라. 그 돈은 당신을 부자로 만들어 주는 첫걸음이자 모든 것이다.

부자가 될 수 있다고 알려줘도 시작조차 안 하는 건 당신의 책임이다. 아주 우습게 생각하고 시작하라. '내가 이까짓 것도 못 할 줄 알아!' 이런 생각으로 콧방귀를 뀌면서 하면 된다. 그렇게 쌓인 돈이 당신을 부자로 만들어 준다. 너무 쉽지 않은가?

제4장

행운의 여신을 부르는 방법

Meet the Goddess of Good Luck

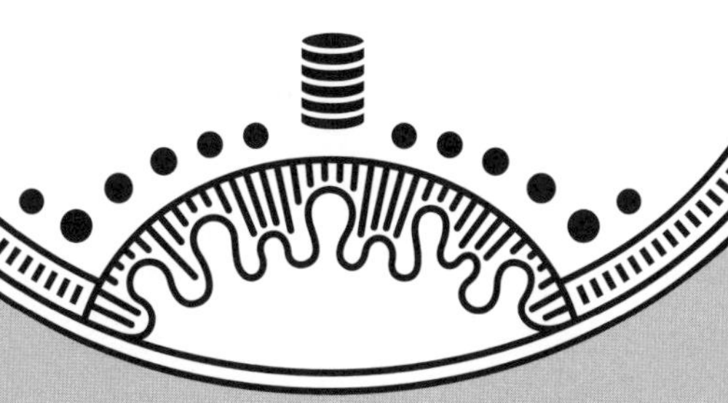

제4장

행운의 여신을 부르는 방법

아카드(Arkad)
바빌론 최고의 부자

방직공
금화가 가득 든 지갑을 주움

나이 지긋한 상인
젊었을 때 개간 사업 투자를 망설인 것을 후회함

목장 주인
젊었을 때 양 한마리로 시작하여 부자가 됨

가축 상인
양떼 거래를 망설이다가 큰 이익을 날림

"행운이 따르는 사람이 얼마나 큰 행운을 얻을지 아무도 예측할 수 없다. 그를 유프라테스강에 빠트려보아라. 진주라도 손에 쥐고 헤엄쳐 나올 것이다."

– 바빌론 속담–

누구나 행운을 바란다. 4,000년 전 고대 바빌론 사람들이나 오늘을 사는 우리나 모두 행운을 바란다. 모두 변덕스러운 행운의 여신에게 사랑받고 싶어 한다. 우리가 행운의 여신을 만날 방법이 있을까? 행운의 여신에게 사랑을 듬뿍 받는 방법도 있을까? 과연 행운의 여신을 부르는 방법이 있을까? 고대 바빌론 사람들도 그 방법을 알고 싶어 했다.

바빌론 사람은 영민하고 사리에 밝았다. 바빌론이 그 시대에 가장 부유하고 강력한 도시가 된 이유였다. 고대 바빌론에는 학교나 대학이 없었다. 그러나 배움의 전당이 있었다. 배움의 전당은 실용적인 지식을 가르치는 곳이었다. 왕의 궁전, 공중정원, 신전처럼 중요한 곳이었다. 역사책에는 거의 언급되지 않았지만 이곳은 당대 사람들의 생각에 큰 영향을 끼쳤다.

배움의 전당에서는 깨달음을 얻은 선생들이 자원하여 과거의 지혜를 가르쳤다. 또 공개 토론장에서는 대중적인 관심사를 논의하였다. 이곳에서는 모두가 동등했다. 신분의 차별 같은 건 없었다. 천한 노예도 왕족이나 귀족과 자유롭게 의견을 반박하며 토론할 수 있었다.

바빌론 최고의 부자인 아카드도 배움의 전당에 자주 드나들었다. 그에게는 전용 강의실이 있었다. 거기에는 매일 저녁 많은 사람이 모였다. 노인과 젊은이도 있었지만 대부분 중년의 사내들이었다. 배움의 전당에서는 매일 흥미로운 주제로 열띤 토론이 벌어졌다. 그들은 행운의 여신을 부르는 방법을 알고 있었을까? 이야기를 들어보자.

뿌연 먼지 사이로 붉은 해가 저물어갈 무렵 아카드는 강의실에 들어와 단상으로 걸어갔다. 벌써 100명이 넘는 사람들이 작은 양탄자를 펴고 앉아 그를 기다리고 있었다. 아카드가 들어온 후에도 사람들이 꾸역꾸역 몰려들었다.

아카드가 청중들을 둘러보며 물었다.

"오늘은 어떤 문제를 토론하겠나?"

잠시 뜸을 들이다가 키가 큰 사내가 일어서며 말했다.

"저는 방직공입니다. 토론 주제로 생각해 둔 게 있는데 아카드 선생님과 여기 모인 분들께 우습게 들릴까 봐 말씀드리지 못했습니다."

청중이 어서 말해 보라고 재촉하자 그가 말을 이었다.

“저는 오늘 운이 참 좋았습니다. 금화가 가득 든 지갑을 주웠거든요. 매일같이 이렇게 운이 좋다면 얼마나 좋을까요? 다른 사람도 모두 저와 같은 바람을 가지고 있으리라 생각합니다. 그러니 행운을 잡는 방법을 토론했으면 합니다. 그런 방법이 정말 있을지도 모르니까요.”

아카드가 즐거운 표정을 지으며 말했다.

“매우 흥미로운 주제일세. 토론할 가치가 충분하네. 어떤 사람에게 행운은 우연히 찾아오는 기회로 보이네. 행운은 아무런 이유 없이 사고처럼 갑자기 찾아오니까 말이야. 또 어떤 사람은 행운의 여신 아쉬타(Ashtar)가 주는 선물이라고 믿기도 하네. 여신을 기쁘게 하는 사람에게 주는 보답이라고 믿는 것이지. 자네들은 어떻게 생각하나? 행운을 불러오는 방법을 우리가 찾아낼 수 있을까?”

모두가 환호하며 대답했다.

“예!”

아카드가 말을 이었다.

“토론을 시작하기 전에 방직공처럼 노력하지 않고 귀중한 보물을 횡재한 사람의 말을 또 들어보세.”

갑자기 주위가 조용해졌다. 모두 누군가 먼저 얘기하기를 기대하며 눈치를 보았지만 아무도 나서지 않았다.

아카드가 말했다.

"아무도 없나? 그렇다면 이런 종류의 행운은 드문 일이라 봐야겠군. 그럼 이제 토론을 어떻게 이어가야 하나? 누구 의견 있나?"

잘 차려입은 젊은이가 일어서며 말했다.

"제가 한 말씀 드리겠습니다. 행운이라 하면 우리는 먼저 도박을 떠올립니다. 행운의 여신이 축복을 내려서 큰돈을 따기를 바라며 도박장으로 달려가지 않나요?"

그가 자리에 앉으려 하자 다른 사내가 말했다.

"멈추지 말고 계속해요! 말해 봐요. 당신은 도박장에서 행운의 여신에게 축복을 받은 적이 있소? 여신이 주사위의 빨간 면을 위로 올라오게 하여 도박장 주인의 돈으로 지갑을 가득 채웠소? 아니면 여신이 파란 면을 위로 올라오게 하여 애써 번 돈을 몽땅 날렸소?"

젊은이는 너털웃음을 지으며 대답했다.

"여신은 제가 거기 있었는지도 몰랐을걸요. 다른 분들은 어떤가요? 도박장에서 주사위를 굴릴 때 여신이 옆에서 지켜보다가 여러분 편을 들어주던가요? 알고 싶네요. 저는 뭐든 듣고 배울 준비가 되었습니다."

아카드가 끼어들었다.

"좋은 이야기네! 우리는 세상사를 여러 방면으로 생각해 보려고 이 자리에 모였네. 행운을 이야기할 때 도박장을 빼놓을 수 없지. 적은 돈으로 큰돈을 따고 싶은 건 인간의 본능이니 말이야."

다른 사내가 소리쳤다.

"어제 열렸던 전차 경주가 떠오르네요. 정말 행운의 여신이 도박장에 자주 들락거릴까요? 그렇다면 화려한 황금빛 전차와 말이 달리는 흥미진진한 전차 경주를 그냥 지나칠 리 없습니다. 아카드 선생님, 솔직하게 대답해 주세요. 어제 전차 경주장에서 선생님을 봤거든요. 혹시 행운의 여신이 선생님께 속삭였나요? 아시리아(Assyria) 니네베에서 온 회색 말에게 돈을 걸라고 말이에요. 저는 우연히 선생님 뒤에 있었거든요. 선생님이 회색 말에 돈을 걸었다는 말을 듣고 제 귀를 의심했어요.

모두 알고 있지 않나요? 보통 아시리아의 말이 우리 바빌론 말을 이길 수 없다는 걸요. 그런데 마지막 한 바퀴를 남기고 검은색 말이 삐끗하여 비틀거리면서 우리 바빌론 말을 방해하는 바람에 아시리아 말이 우승했어요. 행운의 여신이 아시리아 회색 말에 돈을 걸라고 말해준 거죠?"

아카드는 사내에게 너그러운 미소를 지으며 말했다.

"행운의 여신 아쉬타가 전차 경주에 돈을 건 사람에게 그렇게 관심을 가질 이유가 있을까? 나는 아쉬타를 사랑과 위엄의 여신이라고 생각하네. 여신은 어려운 사람을 돕고, 그럴 만한 자격이 있는 사람에게 상을 내리는 걸 좋아하지. 나도 여신을 만나고 싶네. 하지만 돈을 잃는 사람이 많은 도박장이나 경주장에서는 아니네. 사람들이 가치 있는 행동을 하는 곳이나 보상받을 만한 행동을 하는 곳에서 만나고 싶네.

열심히 밭을 갈거나 정직하게 장사할 때 우리는 노력한 만큼 보상을 받네. 물론 언제나 마땅한 보상을 받는 건 아니네. 우리는 때때로 잘못된 판단을 하기도 하고, 어떤 때는 날씨가 모든 걸 망쳐버리기도 하지. 하지만 좌절하지 않고 끈기 있게 노력하면 반드시 이익을 얻을 수 있네. 시간과 노력을 들일수록 이익을 얻을 기회가 늘어나기 때문이네.

하지만 도박을 할 때는 그렇지 않네. 도박꾼은 불리하고 도박장 주인은 유리하기 때문이네. 도박장은 언제나 주인이 돈을 따도록 설계되어 있지. 도박장도 하나의 사업이라네. 도박꾼들이 건 돈에서 수익을 올려야 하지. 따라서 도박장 주인은 확실하게 수익을 낸다네. 도박꾼이 돈을 딸 확률은 낮지. 이 사실을 깨닫는 도박꾼은 거의 없다네.

자네들이 즐기는 주사위 도박에 대해 생각해 보세. 매번 주사위를 굴릴 때마다 어떤 면이 위로 나올지에 돈을 거는 방식이네. 붉은 면이 나오면 건 돈의 4배를 받네. 하지만 다른 면이 나오면 돈을 잃지.

그럼 계산해 보세. 자네들이 주사위를 던질 때마다 동전 한 냥을 건다면 어떻겠나? 여섯 번 주사위를 던진다면 다섯 번은 지게 되어 있네. 즉 5냥을 잃지. 물론 여섯 번 중 한 번은 빨간 면이 나오네. 그러면 4냥을 받지. 따라서 주사위를 6번 던지면 무조건 1냥을 잃게 되어 있네. 이런데도 과연 주사위 도박으로 돈을 딸 수 있겠나?"

한 사내가 소리쳤다.

"그렇지만 어떤 사람은 가끔 큰돈을 따기도 합니다."

아카드가 말을 이었다.

"물론이네. 그런 사람도 있지. 하지만 그렇게 운으로 번 돈이 가치 있게 쓰일까? 나는 그렇게 번 돈을 제대로 쓰는 사람을 본 적이 없네. 나는 바빌론에서 성공한 사람들을 여럿 알고 있다네. 그중에서 도박으로 성공한 사람은 본 적이 없어. 자네들도 성공한 사람들을 알고 있을 것이네. 그 사람들 중에 도박으로 성공해서 부자의 초석을 다진 사람을 알고 있나? 알고 있다면 말해주게."

긴 침묵이 흐른 뒤 장난기 섞인 대답이 들렸다.

"도박장 주인이오!"

"그밖에 생각나는 사람은 없나? 자네들은 어떤가? 혹시 도박으로 꾸준히 돈을 따고 있는데 차마 말하지 못한 사람이 있나?"

아카드의 질문에 뒤쪽에서 앓는 소리가 났다. 그 소리에 사람들은 폭소를 터뜨렸다. 아카드가 말을 이었다.

"행운의 여신이 드나드는 장소라고 행운을 잡을 수는 없는 것 같네. 아무나 황금이 가득한 지갑을 줍는 것도 아니고 도박장에도 행운은 없었네. 전차 경주는 어떨 것 같나? 솔직히 나도 전차 경주에서 딴 돈보다 잃은 돈이 더 많다네. 그러니 다른 곳을 찾아보는 게 좋겠어.

이제 우리의 장사나 사업에 대해 생각해 보세. 자네들이 정직하게 사업을 하여 수익을 냈다면 그것이 행운이겠나? 아니면 노력에 대한 보상이겠나? 아마도 노력에 대한 보상이라고 봐야 하지 않겠나.

어쩌면 우리는 행운의 여신이 주는 선물을 눈치채지 못하는 걸지도 모르네. 행운의 여신은 알게 모르게 우리를 도와주고 있는데, 우리가 여신의 관대함에 감사할 줄 모르는 것이지. 여기에 대해 누가 더 말할 사람이 있나?"

나이 지긋한 상인이 옷깃을 여미며 일어났다.

"존경하는 아카드 선생님 그리고 여러분, 제 의견을 말씀드리겠습니다. 방금 선생님이 말씀하셨죠. 사업이 성공하는 건 근면함과 노력 덕분이라고요. 하지만 생각해 보세요. 거의 성공할 뻔했지만 놓친 일도 많지 않나요? 어쩌면 엄청나게 큰 이익을 놓쳤을 수도 있죠. 그러니 사업이 실패하지 않고 성공했다면 그건 행운이라고 봐야 하지 않을까요? 열심히 한다고 모두 성공하는 건 아니니까요. 따라서 성공은 정당한 보상이라 할 수 없습니다. 아마 다들 비슷한 경험을 하셨을 겁니다."

아카드가 동의하며 말했다.

"옳은 말이네. 자네들 중에 거의 잡았던 행운을 놓친 경험이 있는 사람은 손을 들게."

너도나도 손을 들었다. 그중에는 방금 발언했던 나이 지긋한 상인도 있었다. 아카드는 상인을 바라보며 말했다.

"자네 이야기부터 듣고 싶네."

그러자 상인이 이야기를 시작했다.

"네, 그렇게 하지요. 행운이 어떻게 우리를 찾아오는지, 어떻게 행운을 놓치는지, 행운을 놓치고 얼마나 후회하는지에 대한 이야기입니다.

오래전 일입니다. 제가 막 결혼하고 열심히 일하며 돈을 벌 때였죠. 어느 날 아버지가 찾아왔어요. 좋은 투자처가 있다면서 기회를 놓치지 말라고 강력하게 권하셨어요. 아버지 친구의 아들이 바빌론 성벽 너머 멀지 않은 곳에 있는 척박한 땅을 하나 봐두었다고 했어요. 그 땅은 수로에서 거리가 좀 떨어져서 물이 들어올 수 없는 곳이었죠.

아버지 친구의 아들은 이 땅을 사들여서 개간하려고 했어요. 황소가 끄는 거대한 물레방아를 세 개 만들어서 그 땅에 물을 끌어올 생각이었죠. 개간이 끝나면 이 땅을 작게 나눠서 도시 사람들에게 채소밭으로 분양할 계획이었어요.

하지만 그는 이 사업을 실행할 자금이 부족했어요. 꽤 괜찮은 돈벌이를 하고 있었지만 이 사업을 실행할 정도는 아니었죠. 아버지 친구도 마찬가지로 큰돈은 없었고요. 그래서 이 사업을 함께할 사람을 모집했던 것이죠.

모집할 투자자는 12명이었어요. 매달 수입이 있어야 하고, 땅을 팔 때까지 매달 수입의 10%를 투자하는 조건이었어요. 수익금은 투자한 돈에 비례해 공정하게 나누기로 했죠.

아버지는 나에게 얘기했어요.

'아들아, 너는 아직 젊단다. 나는 네가 열심히 돈을 모아 부자가 되어 사람들에게 존경받는 모습을 보고 싶다. 내 평생의 소원이란다. 너도 알잖니? 내가 젊었을 때 저지른 실수들 말이다. 내 실수에서 교훈을 얻어서 너는 같은 실수를 반복하지 않았으면 좋겠구나.'

'아버지, 나도 정말 부자가 되고 싶어요. 부자가 되고 싶지 않은 사람도 있나요?'

'그럼 내 말대로 하거라. 네 나이처럼 젊을 때 해야만 하는 일이 있단다. 네 소득의 10%를 수익성 좋은 사업에 투자하거라. 여기서 나오는 수익으로 네가 내 나이가 되기 전에 큰 재산을 모을 수 있을 거야.'

'아버지, 옳으신 말씀입니다. 저도 부자가 되고 싶어요. 하지만 돈이 나갈 곳이 너무 많아요. 소득의 10%를 투자하는 건 너무 부담스러워 망설이게 되네요. 저는 아직 젊고 시간이 많은데 벌써 걱정할 필요는 없지 않나요?'

'나도 네 나이 때는 그렇게 생각했다. 하지만 지금 내 모습을 봐라. 아직 시작도 못 했잖니?'

'아버지, 지금은 시대가 바뀌었다고요. 나는 아버지의 실수를 되풀이하지 않을 겁니다.'

'아들아! 지금 바로 눈앞에 기회가 있다. 네가 부자가 될 기회란다. 더 망설이지 않았으면 좋겠다. 내일 당장 가서 소득의 10%를 투자하겠다고 말하거라. 기회는 매일같이 찾아

오지 않는단다. 오늘 기회가 있어도 내일이면 사라지거든. 그러니 망설이지 말고 투자하거라.'

아버지의 충고에도 나는 망설이고 주저했지요. 때마침 시장에는 동양에서 온 상인들이 아름다운 옷을 팔고 있었어요. 너무 진귀하고 좋은 옷이라 아내와 나는 그 옷을 사기로 했죠. 내가 그 사업에 수입의 10%를 투자한다면 이런 기쁨을 누릴 수 없으니까요. 결국 나는 투자하지 않았어요. 그리고 나중에 무척 후회했어요. 그 사업은 예상보다 훨씬 잘되었고 큰 이익을 가져다주었죠. 나는 결국 기회를 놓친 셈이죠. 정말 어리석은 결정이었어요."

상인의 이야기를 듣고 사막에서 온 까무잡잡한 피부색의 사내가 말했다.

"이야기를 들으니 기회를 잡을 준비가 된 사람에게만 기회가 찾아온다는 걸 알겠네요. 재산을 모으는 일에는 언제나 시작이 있습니다. 시작은 소득에서 은 몇 냥을 떼어 투자하는 것이지요. 저는 지금 많은 가축을 기르고 있답니다. 물론 처음부터 그랬던 건 아닙니다. 어릴 때 은 한 냥을 주고 산 어린 송아지 한 마리로 시작했어요. 그게 나를 부자로 만들어 주었죠.

재산을 모으기 위한 첫걸음은 누구나 누릴 수 있는 행운입니다. 이 작은 첫걸음은 너무 중요하죠. 노동으로 돈을 버는 삶을, 자산에서 나오는 배당을 받는 삶으로 바꿔주니까요. 젊을 때부터 이것을 깨닫고 하루빨리 시작해야 합니다. 늦게 시작한 사람은 일찍 시작한 사람을 따라잡을 수 없거든요. 물론 아까 말씀하신 상인의 아버지처럼 시작조차 하지 않는 사람도 있겠죠.

만약 젊은 시절에 개간사업의 기회를 잡았다면 지금쯤은 세상의 온갖 좋은 것을 누리고 있을 겁니다. 마찬가지로 오늘 길에서 두둑한 지갑을 주운 방직공이 그 행운을 잘 활용하여 배당 소득을 늘려가면 머지않아 큰 부자가 될 겁니다."

다른 나라에서 온 이방인이 손을 들며 일어섰다.

"말씀 잘 들었습니다. 저도 한 말씀 드리고 싶네요. 저는 시리아인입니다. 바빌론 말을 잘 모릅니다. 시리아에는 아까 그 상인 같은 사람을 일컫는 말이 있습니다. 어찌 보면 무례한 말일 수도 있어요. 시리아 말로 하면 못 알아들을 테니 바빌론 말을 가르쳐 주시기 바랍니다. 저분처럼 자신에게 도움이 되는 일을 차일피일 미루는 사람을 뭐라고 부르는지요?"

누군가 외쳤다.

"게으름뱅이요!"

시리아인이 흥분한 듯이 손을 흔들며 외쳤다.

"바로 그거네요. 게으름뱅이는 행운의 여신이 찾아왔을

때 그 기회를 잡지 않고 마냥 기다렸지요. 더 좋은 기회는 많다면서요. 하지만 행운의 여신은 느려터진 게으름뱅이를 기다려 주지 않는 법이죠. 빠르게 움직이는 사람만이 기회를 잡을 수 있습니다. 꾸물거리면 저 상인처럼 되고 말지요."

청중에서 웃음이 터졌다. 상인은 자리에서 일어서며 허리를 굽히며 정중히 인사했다.

"감사합니다. 뼈 때리는 말씀이네요."

아카드가 말을 이었다.

"다른 이야기도 들어봅시다. 다른 이야기를 들려줄 사람 있소?"

붉은 옷을 입은 중년의 남자가 일어섰다.

"제가 하겠습니다. 저는 낙타와 말을 사고파는 상인입니다. 가끔 양과 염소를 사고팔기도 하지요. 어느 날 기회의 여신이 찾아왔던 이야기를 하겠습니다. 기회의 여신은 정말 갑자기 찾아왔습니다. 너무 갑자기 찾아와서 놓쳤는지도 모르겠네요. 판단은 여러분에게 맡기겠습니다.

언젠가 열흘이나 사막을 돌아다녔습니다. 쓸만한 낙타나 말을 구하지 못했죠. 그날 저녁 도시로 돌아가는데 성문이 닫혀서 들어갈 수 없었습니다. 먹을 식량도 없고 마실 물도 없는데 성문까지 닫혀서 화가 났어요. 노예를 시켜 밤을 지낼 텐트를 치고 있었죠. 그때 한 늙은 농부가 우리에게 다가왔어요. 그도 우리처럼 성문이 닫혀 안에 들어가지 못한 것 같았어요. 농부가 다가와 말을 걸더군요.

'보아하니 가축 상인 같네요. 제가 몰고 온 튼튼한 양떼를 저렴하게 팔고 싶습니다. 아내가 병이 나서 몹시 아프거든요. 서둘러 돌아가야만 합니다. 거래가 이뤄지면 저는 기쁜 마음으로 바로 떠나려고요.'

날이 너무 어두워서 양떼를 제대로 살펴볼 수는 없었어요. 하지만 양들의 울음소리를 들어보니 상당한 숫자라는 걸 알 수 있었죠. 아무런 성과도 없이 열흘이나 돌아다녔기 때문에 저는 기쁜 마음으로 제안을 받아들였어요. 농부는 병든 아내 때문에 마음이 조급해서 제법 합리적인 가격을 제시했지요. 내일 아침에 양떼를 몰고 성안에 들어가서 팔면 상당한 이익을 남길 수 있기에 나는 그 제안을 받아들였죠.

나는 노예들에게 횃불을 만들게 했습니다. 농부가 말한 대로 900마리가 맞는지 직접 세어보기 위해서죠. 그러나 양들은 목이 말랐는지 쉴 새 없이 이리저리 돌아다녔어요. 양떼의 숫자를 정확히 셀 수 없었죠. 그래서 나는 날이 새면 양을 정확하게 센 후에 돈을 지급하겠다고 퉁명스레 얘기했어요. 그러자 농부가 이렇게 말했습니다.

'제가 너무 급해서 그럴 여유가 없네요. 이렇게 하면 어떨까요? 먼저 대금의 3분의 2를 주시지요. 그러면 저는 먼저 떠나겠습니다. 똑똑하고 믿을 수 있는 노예를 남길 테니 그에게 나머지 대금을 주세요.'

하지만 나는 절대로 그럴 수 없다며 고집을 부렸죠. 다음 날 아침 내가 눈을 뜨기도 전에 성문이 열리고 성안의 상인들이 몰려나왔어요. 때마침 도시에 식량이 부족한 상태라 상인들은 비싼 값에 가축을 사들였지요. 농부는 저에게 제시했던 돈의 세 배를 받고 양떼를 팔았어요. 결국 나는 내 손으로 행운의 여신을 내쫓아버린 셈이죠."

중년 사내의 이야기가 끝나자 아카드가 말했다.

"참 흔치 않은 이야기네. 자네들은 이 이야기에서 어떤 교훈을 얻었나?"

말안장을 만드는 사내가 말했다.

"좋은 거래라는 판단이 들면 즉시 대금을 지급하고 거래를 끝내야 한다는 교훈이 아닐까요? 좋은 거래라면 빠르고 확실하게 마무리 지어야죠. 사람의 마음은 변덕이 심하니까요. 우리는 자기 판단이 틀렸을 때는 말도 안 되는 고집을 부리는 일이 많죠. 반면에 판단이 옳을 때는 이것저것 따지면서 쉽게 마음이 흔들리지요. 그래서 좋은 거래를 놓치기 쉽습니다. 경험에 의하면 처음에 내린 판단이 옳은 때가 많더라고요. 아직도 거래할 때 옳은 판단을 끝까지 밀어붙이는 것이 어렵습니다. 그래서 나는 나약한 마음을 바로잡기 위해 결단을 내리고 계약금을 입금합니다. 그래야 행운을 놓치고 나중에 후회하는 일이 없으니까요."

시리아 사람이 다시 일어섰다.

"좋은 말씀 잘 들었습니다. 결국 모두 비슷한 이야기네요. 우리는 이런 식으로 기회를 날려버리는 일이 많죠. 행운의 여신은 좋은 계획을 들고 누구에게나 찾아옵니다. 하지만 우리는 매번 망설이지요. 지금은 때가 아니라고 변명하면서요. 그래서야 어떻게 성공하겠습니까? 우리는 빠르게 결정하고 행동해야 합니다."

가축 상인이 대답했다.

"옳은 말씀입니다. 사실 이렇게 행운을 날려버린 이야기는 흔합니다. 우리에게는 일을 미루는 게으름뱅이 습성이 있기 때문이죠. 우리는 모두 부자가 되기를 바랍니다. 그러나 막상 기회가 찾아오면 이런저런 이유로 결정을 미루지요. 결국 우리의 적은 우리 자신인 셈입니다. 젊었을 때는 이런 진리를 몰랐어요. 처음에는 큰 이익을 낼 뻔한 거래를 놓친 일이 내 미숙한 판단 때문이라고 생각했지요. 나중에는 내 고집 때문이라고 생각했고요. 마침내 나는 진짜 문제를 깨달았어요. 신속하고 단호한 결정을 내려야 할 때 꾸물거리는 습관이 문제였던 것이죠. 진짜 문제를 깨달았을 때 나는 이 사실을 인정하기 싫었어요. 하지만 짐수레에 묶인 당나귀처럼 발버둥 쳐서 마침내 속박에서 벗어나는 데 성공했지요."

시리아 사람이 말했다.

"고맙습니다. 그런데 나이 지긋한 상인에게 여쭙고 싶은 게 있어요. 당신은 지금 가난한 사람들이 꿈도 못 꾸는 좋은 옷을 입고 있습니다. 또 성공한 사람처럼 말씀하시고요. 이제 게으름뱅이 습성을 완전히 버린 건가요?"

나이 지긋한 상인이 말했다.

"저도 가축 상인처럼 게으름뱅이 습성이 있다는 걸 깨닫고 그걸 이겨내야 했어요. 내 안의 게으름은 성공을 가로막는 가장 강한 적이었지요. 게으름 때문에 지금껏 찾아온 기회를 날린 적이 많았어요. 하지만 게으름이 문제라는 걸 깨닫자 그걸 고치는 건 어렵지 않았어요. 도둑이 내 곡식을 훔치는 걸 보고 가만히 있을 사람은 없으니까요. 경쟁자가 내 손님을 가로채는 걸 보고만 있을 사람도 없고요.

일을 미루고 꾸물거리는 게으름에서 문제가 시작된다는 걸 깨달았을 때 고치기로 마음먹었죠. 부자가 되고 싶다면 먼저 이런 게으름뱅이 습성을 고쳐야 합니다. 바빌론이 아무리 풍요로워도 게으름뱅이에게 돌아갈 황금은 없으니까요.

아카드 선생님은 어떻게 생각하시는지요? 선생님은 바빌론에서 가장 부자입니다. 하지만 사람들은 선생님을 그저 운이 좋은 사람으로 생각하지요. 꾸물거리고 미루는 게으름을 완전히 뜯어고치기 전에는 누구도 성공할 수 없다는 제 말에 동의하시나요?"

아카드가 고개를 끄덕이며 동의했다.

"자네 말이 맞네. 오랫동안 살면서 나는 많은 것을 보고 느꼈네. 무역, 과학, 학문에 매진하여 성공한 사람도 많이 보았지. 기회는 모두에게 찾아왔었네. 그 기회를 꽉 붙잡고 노력하여 성공한 사람도 있었네. 하지만 대부분은 망설이다가 성공하지 못하고 말았지."

아카드는 방직공에게 눈길을 돌리며 말했다.

"오늘 자네가 행운에 대한 토론을 제안했네. 덕분에 행운에 대해 열심히 토론했지. 이제 자네가 행운을 어떻게 생각하는지 듣고 싶네."

방직공이 대답했다.

"여러 이야기를 듣고 다른 관점으로 행운을 보게 되었어요. 행운은 별다른 노력 없이 얻는 것으로 생각했거든요. 하지만 이젠 깨달았어요. 바란다고 행운이 제 발로 찾아오는 게 아니라는 걸 말이에요. 오늘 토론에서 행운을 불러오려면 기회를 이용할 줄 알아야 한다는 걸 배웠습니다. 앞으로 제게 찾아온 기회를 놓치지 않고 최대한 활용하려고 노력할 겁니다.”

아카드가 환한 표정을 지으며 말했다.

“자네는 오늘 토론에서 제대로 배운 것 같군. 행운의 여신은 그냥 찾아오는 법이 없네. 기회를 놓치지 않은 사람만이 행운의 여신을 잡을 수 있지. 토지 개간의 기회를 놓친 나이 지긋한 상인이 그 기회를 잡았다면 커다란 행운을 얻었을 것이네. 마찬가지로 가축 상인이 양떼를 곧바로 거래했다면 커다란 이익을 남기는 행운을 누렸을 것이네.

오늘 우리는 행운이 우리에게 찾아오게 만드는 방법에 대해 토론했어. 결국 그 방법을 찾아낸 것 같네. 두 이야기에서 행운은 기회를 따라온다는 걸 알 수 있었지. 여기에서 우리는 행운에 관한 한 가지 진리를 배울 수 있었네. 행운을 잡은 이야기든 행운을 놓친 이야기든 진리는 하나라네. ‘행운의 여신은 기회를 받아들인 사람에게만 찾아온다.’

더 나은 내일을 위해 기회를 잡으려는 열망을 가진 사람만이 여신의 선택을 받을 수 있네. 행운의 여신은 자신을 기쁘게 하는 사람을 돕는 법이야. 행운을 잡고 싶다면 행동하고 실천하는 사람이 되게나. 행동은 그토록 꿈꾸던 성공으로 우리를 이끌어줄 것이네.

행운의 여신은 행동하는 사람에게 찾아온다.

핑크팬더의 Money Talk

행운은 노력하는 사람에게 찾아온다.

누구나 행운의 여신이 찾아오길 간절히 바란다. 남에게는 손쉽게 행운이 찾아오는데 왜 나에게는 행운이 찾아오지 않는지 의아해한다. 행운은 노력하지 않아도 우연히 찾아오는 것으로 생각하는 사람이 많다. 몇 년 전에 아파트를 산 사람은 자산이 많이 늘어나는 행운을 만났다. 특정 주식을 매수한 사람은 운 좋게 큰돈을 벌었다. 이런 이야기를 듣고 나를 찾아오지 않은 행운에 한탄한다면 이미 늦었다. 그런 당신에게 행운은 절대로 찾아오지 않는다.

나는 우연히 돈을 자주 줍는다. 길거리에 떨어진 돈을 주웠으니 완전히 행운이다. 남들은 줍지 못한 그 돈을 난 어떻게 줍게 된 것일까? 실제로 몇백만 원을 주운 적도 있다. 남들이 바닥에 떨어진 걸 보려고 하지 않을 때 나는 '이게 뭔가?' 하며 관심을 가졌다. 아주 작은 노력이었다. 많은 사람이 이런 작은 노력도 하지 않는다. 돈은 하늘에서 갑자기 떨어지지 않는다. 그런 일은 죽었다 깨어나도 일어나지 않는다. 노력하지 않는 사람에게 행운은 찾아오지 않는다.

'행운의 여신을 부르는 방법'에 나온 기회를 놓친 사람들이 바보처럼 보이는가? 그 모습이 나라는 생각은 안 드는가? 행운은 저절로 찾아오지 않는다. 기회가 왔을 때 잡는 사람만이 행운을 누린다. 지금 이 순간에도 행운을 잡는 수많은 사람이 있다. 그들이 아무 노력도 없이 행운을 잡은 건 아니다. 기회는 노력하는 자에게만 오는 행운이다. 몇 년 전이나 지금이나 자산의 차이가 없는가? 그렇다면 나 자신을 원망하지 말고 지금이라도 행운을 내 편으로 만들도록 노력해야 한다.

감나무 밑에 입을 벌리고 누워 있으면 언젠가 감이 내 입으로 떨어진다. 과연 이 사람은 행운 덕분에 감을 먹을 수 있었던 것일까? 아무런 노력도 없이 감을 얻을 수 있었던 것일까? 그렇지 않다. 남들이 볼 때는 아무것도 안 하고 있던 것처럼 보일지라도 최소한 감나무 아래 누워 있었다. 그 정도 노력은 누구나 할 수 있다. 당신도 할 수 있다. 그런 노력이 있을 때 기회를 놓치지 않고 행운을 내 편으로 만들 수 있다. 행운이 찾아오길 바란다면 최소한 이 정도 노력이라도 하자.

제5장

황금의 5가지 법칙

The Five Laws of Gold

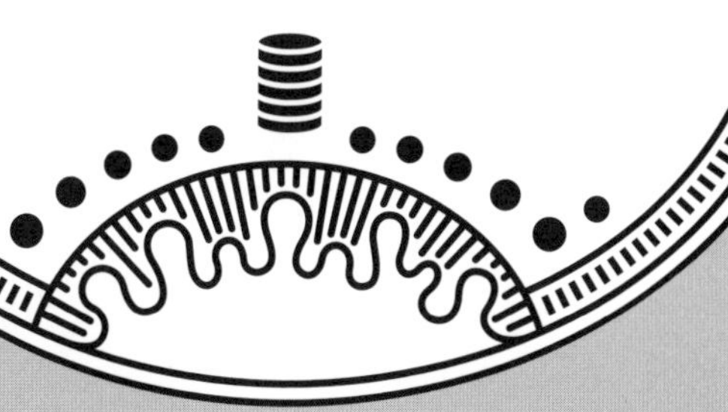

제5장

황금의 5가지 법칙

칼라밥(Kalabab)

노마시르에게 아카드의 지혜를 배워 부자가 되었다

아카드(Arkad)

바빌론 최고의 부자

노마시르(Nomasir)

아카드의 아들

"황금이 가득 든 자루와 지혜의 말씀이 새겨진 점토판이 있네. 자네들은 둘 중 어떤 것을 선택하겠나?"

사막 한가운데 모닥불이 타오르고 있었다. 햇빛에 얼굴이 검게 그을린 사내들의 호기심 어린 눈빛이 반짝였다. 27명이 합창하듯이 한목소리로 답했다.

"당연히 황금이죠!"

칼라밥(Kalabab) 노인은 그럴 줄 알았다는 듯이 미소지으며 말했다.

"잘 들어보게. 저기 늦은 밤 들개들이 울부짖는 소리가 들리지 않나? 저 녀석들은 굶주림에 지쳐 울부짖고 있지. 저 녀석들에게 먹이를 줘 보게. 그럼 저 녀석들이 뭘 할 것 같나? 먹이를 두고 서로 싸워댄다네. 싸우지 않으면 기껏해야 거드름을 피우며 돌아다니지. 저 녀석들에게 내일은 없네. 사람도 마찬가지네. 사람에게 황금과 지혜를 주고 둘 중 하나를 고르게 하면 어떨 것 같나? 지혜 따위는 거들떠보지도 않고 황금을 고르고 신나게 황금을 써버린다네. 그리고 황금이 떨어지면 눈물 흘리며 후회하지. 황금은 황금의 법칙을 알고 지킬 줄 아는 사람의 것이네. 잊지 말게."

차가운 밤바람이 불어오자 칼라밥은 겉옷을 끌어당겨 여윈 다리를 덮었다.

"자네들은 긴 여행 동안 나를 열심히 도와주었네. 내 낙타를 정성껏 돌보았고 뜨거운 모래사막을 불평 없이 건넜네. 또 내 물건을 빼앗아 가려는 도적 떼에 맞서 용감하게 싸웠지. 모두 고맙네. 보답으로 오늘 자네들에게 5가지 황금 법칙을 알려주겠네. 어디에서도 못 들어 본 이야기일 것이네. 내 얘기를 잘 듣고 마음에 새기게. 내 말의 참뜻을 알아듣는다면 훗날 자네들도 부자가 될 걸세."

그는 잠시 말을 멈췄다. 천막 지붕 위로 별빛이 바빌론 하늘을 밝게 비추고 있었다. 일행 뒤쪽에는 사막의 모래 폭풍을 대비해 단단히 묶은 천막들이 서 있었다. 천막 옆에는 가죽으로 덮은 상품들이 가지런히 쌓여 있었다. 낙타들은 근처 모래에 널브러져 있었다. 어떤 낙타는 만족스럽게 되새김질하고 있었고 어떤 낙타는 코를 골며 자고 있었다.

짐꾼의 우두머리가 말했다.

"어르신, 이번 일이 끝난 후에도 저희가 현명하게 살아갈 수 있도록 어르신의 지혜를 듣고 싶습니다."

"지금까지 먼 나라에서 겪은 모험 이야기를 했었네. 오늘 밤에는 바빌론의 현명한 부자 아카드의 이야기를 들려줌세."

"우리도 아카드 이야기는 귀에 박히도록 들었습니다. 아카드는 바빌론 최고의 부자니까요."

"아카드는 바빌론 최고의 부자네. 그는 돈이 움직이는 길을 볼 줄 알았지. 물론 아카드 이전 세대 사람들도 알았겠지만 말이야. 내가 젊었을 때 아카드의 아들 노마시르를 만난 적이 있었네. 노마시르는 나에게 아카드의 지혜를 가르쳐주었네. 자네들에게 오늘 그 지혜를 나눠주겠네."

다음은 칼라밥의 이야기이다.

어느 날 나는 노마시르의 저택에서 밤늦게까지 일하고 있었네. 나는 주인을 도와 고급 양탄자를 저택으로 옮겨서 펼쳐놓았지. 노마시르는 양탄자를 하나씩 꼼꼼히 살펴보았어. 마침내 그는 마음에 쏙 드는 양탄자를 찾았지. 그는 기뻐하며 우리에게 옆에 앉으라고 했네. 그리고 진귀한 포도주를 한 잔씩 건네주었네. 입안 가득히 감미로운 향이 느껴지고 뱃속까지 따뜻해지더군. 그런 술은 처음이었네.

그때 노마시르는 아버지인 아카드에게 배운 지혜를 가르쳐주었네. 자네들도 알겠지만 부자 아버지를 둔 자식은 부모 곁을 떠나지 않는 것이 관습이네. 재산을 물려받기 위해서지. 하지만 아카드는 이런 관습을 인정하지 않았네. 노마시르가 성년이 되자 아카드는 노마시르에게 이렇게 말했지.

"노마시르야, 너에게 내 재산을 물려주고 싶구나. 하지만 그 전에 네가 재산을 현명하게 관리할 수 있다는 것을 보여주었으면 좋겠구나. 넓은 세상으로 나가 돈을 벌고, 주위 사람에게 존경받을 능력이 있다는 것을 내게 보여주거라. 네가 쉽게 시작할 수 있도록 두 가지를 주마. 젊은 시절 내가 맨손으로 시작할 때는 가지지 못했던 것들이다.

하나는 황금이 가득 든 주머니다. 현명하게 사용한다면 네 성공의 초석이 될 것이다. 다른 하나는 '황금의 5가지 법칙(The Five Laws of Gold)'이 새겨진 점토판이다. 네가 이 법칙을 제대로 깨닫고 실천하면 부자의 역량을 갖추게 될 것이다. 집을 떠나거라. 그리고 10년 후에 돌아와서 네가 무엇을 했고 무엇을 이뤘는지 말해 다오. 네가 마땅한 자격을 갖추었다면 상속자로 삼겠다. 그렇지 않으면 내 재산을 신에게 바쳐 내 영혼을 달래도록 할 것이다."

노마시르는 노예 하나를 데리고 말에 올라탄 뒤 집을 떠났네. 황금이 든 자루와 비단으로 싼 점토판을 가지고 말이야. 그렇게 10년이 지나고 노마시르는 집으로 돌아왔지. 아카드는 돌아온 아들을 위해 친구와 친척을 초대하여 성대한 잔치를 열었네. 잔치가 끝나자 아카드 부부는 호화로운 의자에 앉아 노마시르가 경험한 일을 물었네. 노마시르는 그들 앞에 서서 10년 동안 겪은 이야기를 시작했지.

때는 땅거미 지는 저녁이었어. 호롱불이 타고 있었네. 호롱불에서 나오는 연기가 자욱했지. 흰색 옷을 입은 노예들이 야자수 잎으로 부채질을 하며 후덥지근한 공기를 몰아내고 있었어. 엄숙하고 위엄 있는 풍경이었지. 노마시르 뒤에는 그의 아내와 어린 두 아들, 친구들, 친척들이 있었네. 모두 노마시르의 이야기에 귀를 기울였지. 노마시르가 공손한 자세로 입을 열었네.

"아버지의 지혜에 감사드립니다. 10년 전 제가 막 성인이 되었을 때 아버지는 말씀하셨죠. 아버지의 재산에 연연하지 말고 세상에 나가 경험을 쌓으라고요. 아버지는 집을 떠날 때 넉넉한 황금을 주셨어요. 게다가 지혜도 주셨죠. 하지만 저는 황금을 잘 관리하지 못하고 모두 날려버렸어요. 산토끼가 초보 사냥꾼의 손에서 달아나듯이 인생 경험이 없는 제 손에서 황금도 달아나버렸죠."

아카드는 아들을 보고 인자한 미소를 지으며 말했지.

"계속하거라. 흥미로운 이야기를 자세히 듣고 싶구나."

"처음에 집을 떠나 니네베에 가기로 했어요. 니네베는 성장하는 도시였기 때문이죠. 거기에는 기회가 많을 것으로 생각했어요. 마침 사막을 건너는 상단을 만나 합류했고 많은 친구를 사귀었죠. 그중에 말솜씨가 좋은 친구 둘이 있었어요. 그들이 타고 다니는 말은 아름답고 바람처럼 빨랐죠.

여행하는 동안 그들은 니네베의 부자 이야기를 들려주었어요. 그 부자가 타는 말이 어찌나 빠른지 한 번도 경주에서 진 적이 없다고 하더라고요. 그 부자는 자기 말보다 빨리 달릴 수 있는 말은 없다고 믿는다더군요. 부자의 말과 경주할 때 그 부자는 자기 말이 이기는 쪽에 큰돈을 건다고 했어요. 하지만 그 친구들은 자기들 말에 비하면 부자의 말은 당나귀처럼 느리다면서 자기들이 무조건 이긴다고 했어요.

그들은 내게 호의를 베푸는 척하며 그 내기에 끼워주었어요. 나는 그 내기에 빠져들었지요. 하지만 우리는 내기에서 졌고 나는 큰돈을 잃었어요. 나중에 나는 이것이 사기라는 걸 알았어요. 그들은 상단을 따라 여행하면서 호구를 찾고 있던 것이죠. 니네베의 부자도 한패였어요. 사기 치고 이익을 나누는 동업자였던 것이죠. 감쪽같이 사기를 당하고 나서 한 가지 교훈을 배웠어요. 항상 주의해야 한다는 것이죠.

머지않아 두 번째 교훈도 배웠어요. 첫 번째 교훈과 마찬가지로 쓰라린 경험이었지요. 상단 일행 중 저와 가깝게 지내던 한 젊은이가 있었어요. 그 친구는 부잣집 아들이었어요. 저처럼 니네베로 가는 중이었죠. 니네베에 도착하고 얼마 되지 않았을 때 그 친구가 찾아와서 말했어요. 한 상인이 죽었는데 상인의 가게는 단골손님도 많고 물건도 많다면서, 가게를 싸게 인수하면 돈벌이가 될 거라고 했어요. 그러면서 동업을 하자고 했어요. 그 친구는 돈을 가지러 바빌론에 다녀와야 한다면서 우선 내 돈으로 가게를 인수하자고 했어요. 그 친구가 바빌론에 가서 돈을 가져오면 그 돈은 운영비로 쓰기로 약속했죠.

하지만 그는 미적거리며 바빌론으로 가지 않았어요. 함께 일해 보니 그는 장사에 전혀 소질이 없었어요. 물건을 싸게 구매할 줄 모르고 돈 낭비도 심했죠. 결국 저는 그와 갈라설 수밖에 없었어요. 혼자서는 도저히 가게를 운영할 수 없어서 이스라엘 사람에게 헐값에 넘기고 말았죠.

돈이 다 떨어져서 비참한 생활을 했어요. 일자리를 찾아봤지만 구할 수 없었어요. 장사 경험도 없고 특별한 기술도 없었으니까요. 할 수 없이 아끼는 말을 팔았어요. 다음에는 노예를 팔았지요. 나중에는 여분의 옷가지도 팔았죠. 그 돈으로 겨우 잠자리와 먹을 것을 구했지만 사정은 계속 나빠졌어요.

고통스러운 나날을 보내던 어느 날, 아버지가 제게 보여주신 믿음이 떠올랐어요. 아버지는 제게 험난한 세상에 나가서 돈 버는 방법을 배우고 존경받는 사람이 되라고 말씀하셨지요. 저는 꼭 그렇게 되기로 다짐했어요."

노마시르의 어머니는 얼굴을 감싸고 조용히 눈물을 흘렸네. 노마시르는 이야기를 이어갔지.

"그제서야 아버지가 제게 주신 황금의 5가지 법칙을 새긴 점토판이 생각났어요. 저는 점토판을 꺼내서 지혜의 말씀을 꼼꼼하게 읽고 깨달았어요. 진작에 점토판을 읽었다면 그처럼 어이없이 돈을 날리지 않았을 거라는 사실을 말이죠. 저는 황금의 5가지 법칙을 정성을 다해 읽고 또 읽고 가슴에 새겼어요. '행운의 여신이 다시 내게 미소지어 줄 때는 아무것도 모르는 철부지처럼 행동하지 않겠다. 현명한 지혜로 성공하고야 말겠다.' 이렇게 다짐했죠. 오늘 밤 이 자리에 계신 분들을 위해 10년 전에 아버지가 주신 황금의 5가지 법칙을 읽어드리겠습니다."

황금의 5가지 법칙

1. 황금은 수입의 10% 이상을 저축하는 사람에게 기쁜 마음으로 찾아가며, 그와 가족의 미래를 보장하는 큰 재산으로 불어난다.
2. 수익성이 좋은 곳에 투자하면 황금은 스스로 알아서 일하고 자연스럽게 늘어나며, 나중에는 들판의 양떼처럼 불어난다.

3. 현명한 사람의 조언에 따라 신중하게 투자하는 사람은 황금을 잃지 않는다.
4. 자신이 잘 모르는 분야나 전문가들이 외면하는 분야에 투자하는 사람은 황금을 잃게 된다.
5. 일확천금을 꿈꾸는 사람, 사기꾼의 사탕발림에 현혹되는 사람, 경험도 없으면서 헛된 욕망을 좇는 사람은 황금을 잃게 된다.

"이것이 아버지께서 주신 황금의 5가지 법칙입니다. 이 법칙은 황금보다 훨씬 값지다고 말씀드릴 수 있어요. 제 이야기를 계속 들으면 알게 될 겁니다. 따지고 보면 혹독한 가난과 절망은 제 미숙함 때문이었어요. 하지만 끝나지 않는 재앙은 없습니다. 니네베 성의 외벽에서 일하는 노예를 관리하는 일자리를 얻었을 때 그 끝이 보였지요.

황금의 첫 번째 법칙에 따라 저는 첫 월급에서 동전 한 냥을 저축했어요. 돈이 생길 때마다 동전을 저축하여 은화 한 냥으로 불렸지요. 먹고살아야 하니 돈이 모이는 속도는 느렸어요. 힘겨웠지만 이를 악물고 동전 한 푼도 아껴 썼어요. 집을 떠나오며 약속한 10년이 되기 전에 아버지가 제게 주신 돈을 벌겠다고 결심했기 때문이죠.

그러던 어느 날이었어요. 꽤 가깝게 지내는 사람이 찾아와서 물었어요.

'내가 그동안 지켜보니 자네는 한 푼도 허투루 쓰지 않더군. 참으로 장하네. 그런데 투자는 하지 않고 모으기만 하는 것 같네. 맞나?'

'네, 맞습니다. 고향을 떠날 때 아버지가 주신 돈을 몽땅 날렸거든요. 고향으로 돌아가기 전에 그 돈을 모으려고 노력하고 있지요.'

'기특한 목표일세. 그런데 자네가 모은 돈을 잘 굴리면 더 많은 돈을 벌 수 있다는 걸 알지 않나?'

'알고 있습니다. 안타깝게도 저는 경험이 없네요. 전에도 아버지가 주신 황금을 날려버렸거든요. 또 그렇게 될까 봐 걱정입니다.'

'자네가 나를 믿는다면 돈을 굴려서 수익을 내는 방법을 알려주겠네. 1년 안에 니네베 성의 외벽이 완성될 것이네. 당연히 몇 개의 성문도 만들어야 하지. 성문은 적의 공격을 막기 위해 튼튼한 청동으로 만든다네. 그런데 니네베를 다 뒤져도 성문을 만들 청동이 부족하네. 왕은 청동을 구할 생각도 하지 않고 있지.

그래서 내가 계획을 세워보았네. 몇 명이 돈을 모아 상단을 꾸려 구리광산과 주석광산에 보내는 것이네. 우리가 구리와 주석을 사 오면 어떻게 되겠나? 청동 문을 만드는 데 필요한 재료는 우리만 공급할 수 있으니 제법 좋은 값에 팔 수 있지 않겠나? 혹시 왕이 우리 물건을 사지 않더라도 다른 사람에게 적당한 이익을 붙여서 팔면 되네.'

이 말을 듣는 순간 저는 황금의 세 번째 법칙에 들어맞는다는 걸 알았어요. 현명한 사람의 조언에 따라 투자할 절호의 기회였죠. 그의 지혜를 믿고 그동안 모은 돈을 투자했어요. 계획은 멋지게 성공했고 제 돈은 크게 불어났죠.

그 후 저는 이 투자 모임의 일원이 되어 다른 사업에도 참여하게 되었어요. 투자 모임의 회원들은 돈을 투자하고 이익을 내는 데 뛰어났어요. 투자를 시작하기 전에 계획을 세우고 꼼꼼하게 토론하고 논의했죠. 그들은 원금을 잃을 수 있는 위험한 곳에는 투자하지 않았어요. 수익이 적더라도 반드시 원금을 회수할 수 있는 사업에 투자했어요.

나처럼 말 경주를 하거나 경험 없는 사람과 장사하는 바보 같은 일은 하지 않았지요. 혹시 그런 일을 생각했다면 누군가 반드시 문제점을 지적했을 겁니다. 이들과 함께하며 저는 안전하게 이익을 내는 방법을 배웠어요. 시간이 지날수록 내 돈은 빠르게 불어났어요. 허망하게 날렸던 돈을 되찾은 건 물론이고 훨씬 더 많은 돈을 벌었지요.

저는 불행, 실패, 성공을 겪으며 황금의 5가지 법칙을 충분히 깨우쳤어요. 아버지가 주신 황금의 5가지 법칙은 언제나 옳았죠. 황금의 5가지 법칙을 모르는 사람은 절대로 돈을 모을 수 없어요. 반대로 황금의 5가지 법칙을 지키고 실천하는 사람에게는 돈이 따라옵니다. 그 돈은 노예처럼 열심히 일하며 돈을 불려주지요."

노마시르는 이야기를 멈추고 뒤에 있는 노예에게 손짓했네. 그러자 노예는 가죽 주머니 3개를 앞으로 가져왔지. 노마시르는 그중 하나를 아버지 앞에 놓으며 이렇게 말했네.

"아버지는 제게 바빌론의 황금이 든 주머니를 주셨었죠. 아버지께 니네베 황금 한 자루를 돌려드리겠습니다."

노마시르는 다른 황금 두 자루를 앞에 놓으며 말했네.

"아버지는 제게 지혜의 말씀이 새겨진 점토판도 주셨었죠. 지혜의 말씀 값으로 황금 두 자루를 드리겠습니다. 아버지께서 주신 지혜는 큰 가치가 있었습니다. 그 지혜의 가치는 돈으로 따질 수 없어요. 지혜가 없으면 손에 쥔 황금은 금세 사라집니다. 하지만 지혜가 있다면 맨손으로 황금을 벌어들일 수 있지요. 이 세 개의 황금 주머니가 바로 그 증거입니다. 아버지께 감사드립니다. 아버지의 지혜 덕분에 저는 부자가 되었고 사람들에게 존경받고 있습니다."

아카드는 아들의 머리를 쓰다듬으며 말했네.

"아들아, 돈을 버는 원리를 제대로 깨우쳤구나. 내 재산을 믿고 물려줄 아들이 있어서 기쁘구나."

칼라밥은 이야기를 마치고 일행을 둘러보며 말했다.

"자네들은 노마시르의 이야기가 무엇을 뜻하는지 깨달았나? 자네들 중 아버지나 장인에게 가서 현명하게 돈을 벌었다고 얘기할 사람이 있나? 만약 자네들이 '여기저기 여행하면서 많이 배웠고, 열심히 일해서 돈도 많이 벌었습니다. 하지만 지금은 가진 돈이 없습니다. 현명하게 쓴 돈도 있지만, 어리석게 낭비한 돈도 있고, 대부분은 멍청하게 날리고 말았습니다.'라고 말한다면 그분들이 어떻게 생각할까?

아직도 부자와 빈자가 운명으로 결정된다고 생각하나? 그렇다면 잘못된 생각일세. 황금의 5가지 법칙을 마음에 새기고 따를 때 돈은 자연스럽게 따라온다네. 나는 젊었을 때 이 법칙을 배우고 실천해서 부자가 되었네. 이상한 마법을 부려서 얻은 게 아니네.

갑자기 생긴 돈은 순식간에 사라지는 법이네. 차근차근 노력해서 번 돈은 오랫동안 자네들 곁에 머물며 즐거움과 행복을 주지. 부는 지식과 끈기가 있는 사람에게서 자라나기 때문이야. 생각이 깊은 사람에게 돈 버는 일은 가벼운 짐에 불과하네. 매년 조금씩 짐을 나눠서 짊어지면 누구나 부자가 될 수 있다네.

황금의 5가지 법칙을 지키면 자네들도 반드시 보상을 받을 걸세. 황금의 5가지 법칙에는 깊은 뜻이 담겨 있네. 자네들이 내 이야기를 흘려듣지 않았으면 좋겠어. 나는 젊었을 때부터 황금의 5가지 법칙을 매일 가슴에 새겼네. 여기에는 놀라운 진리가 담겼다네. 다시 한번 얘기할 테니 꼭 기억하게."

황금의 첫 번째 법칙

황금은 수입의 10% 이상을 저축하는 사람에게 기쁜 마음으로 찾아가며, 그와 가족의 미래를 보장하는 큰 재산으로 불어난다.

"소득의 10% 이상을 꾸준히 저축하고 투자하면, 행복한 미래와 가족의 안전을 지킬 만큼의 재산을 모을 수 있네. 신의 부름을 받고 하늘나라로 가더라도 아무 걱정이 없지. 돈은 이 법칙을 지키는 사람에게 찾아가는 법이네. 이것은 변하지 않는 진리네. 지난 내 삶이 증명해 주지 않나. 돈을 더 많이 모을수록 더 크게 불어나네. 돈이 돈을 벌기 때문이지. 부자가 되고 싶다면 자네들도 반드시 수입의 10% 이상을 저축하게."

황금의 두 번째 법칙

수익성이 좋은 곳에 투자하면 황금은 스스로 알아서 일하고 자연스럽게 늘어나며, 나중에는 들판의 양떼처럼 불어난다.

"돈은 스스로 알아서 일하는 일꾼이네. 기회가 있을 때마다 일하고 싶어 하지. 돈을 모아놓은 사람에게는 반드시 기회가 찾아오는 법이네. 모아놓은 돈이 없으면 기회가 와도 잡을 수 없네. 그러니 반드시 돈을 모아야 하네. 모은 돈으로 기회를 잡으면 돈은 놀랍도록 빠르게 늘어난다네."

황금의 세 번째 법칙

3. 현명한 사람의 조언에 따라 신중하게 투자하는 사람은 황금을 잃지 않는다.

"경솔한 사람은 돈을 쉽게 잃지만 신중한 사람은 돈을 잃지 않네. 자네들은 반드시 지혜로운 사람의 조언을 구하여 투자하게. 그래야 안전한 곳에 투자하고 돈을 불릴 수 있네. 자네들도 돈이 불어나는 기쁨을 누려야 하지 않겠나."

황금의 네 번째 법칙

자신이 잘 모르는 분야나 전문가들이 외면하는 분야에 투자하는 사람은 황금을 잃게 된다.

"돈이 있어도 굴릴 줄 모르는 사람은 팔랑귀가 되기 쉽네. 어지간한 사업은 모두 성공할 것처럼 보이지. 물론 운이 좋아 성공할 수도 있지만 십중팔구 실패하기 마련이네. 하지만 현명한 사람은 꼼꼼하게 분석하여 성공 가능성을 따진다네. 실패하기 쉬운 사업은 애초에 시작하지도 않지. 그러니 자네들이 모르는 분야는 반드시 전문가의 조언을 구하게. 경험이 풍부하고 지혜로운 전문가의 조언을 받는 사람이야말로 현명한 사람이네."

황금의 다섯 번째 법칙

일확천금을 꿈꾸는 사람, 사기꾼의 사탕발림에 현혹되는 사람, 경험도 없으면서 헛된 욕망을 좇는 사람은 황금을 잃게 된다.

"갑자기 큰돈을 번 사람에게 거창하고 웅장한 사업 계획을 들고 찾아오는 사기꾼이 많네. 그들의 계획은 너무 그럴싸해서 당장 엄청난 부자가 될 것 같지. 하지만 현실에서 그렇게 멋진 일은 없는 법이네. 현명한 사람은 그런 계획에 숨겨진 위험을 금세 알아챈다네. 그러니 그럴싸하게 혓바닥을 놀리는 사기꾼의 말을 믿지 말고 헛된 욕망도 좇지 말게. 노마시르와 함께 투자했던 니네베의 부자들처럼 말이네."

지금까지 황금의 5가지 법칙을 모두 이야기했네. 이것이 내 성공 비결이네. 황금의 5가지 법칙은 비결이 아니라 진리네. 모든 사람이 배우고 따라야 하는 진리 말일세. 사막에서 울어대는 들개처럼 하루하루 먹을 것을 걱정하는 처지에서 벗어나려면 꼭 황금의 5가지 법칙을 실천하게.

내일 우리는 바빌론으로 들어가네. 보게! 벨 신전 위에서 영원히 타오르는 불꽃을! 황금의 도시가 눈앞에 보이지 않나! 내일이면 자네들은 내가 주는 수고비를 받을 걸세. 그동안 땀 흘려 번 소중한 대가지. 10년 뒤 이 돈으로 자네들이 어떤 결과를 만들어낼지 궁금하네. 노마시르처럼 돈을 모으고 아카드의 지혜에 따라 현명하게 투자하면, 자네들 중 누군가는 노마시르처럼 부유하고 존경받는 사람이 될 수 있을 걸세.

현명한 행동은 우리를 도와서 삶을 풍요롭게 하네. 반면에 어리석은 행동은 우리를 괴롭히고 고통을 안겨주네. 평생 우리를 따라다니며 후회하게 만들지. 생각해 보게. '그때 그걸 해야 했어.'라며 후회하는 일이 얼마나 많은가! 그러니 현명하게 판단하고 행동하게.

바빌론은 황금으로 가득 차 있네. 황금이 얼마나 많은지 누구도 헤아릴 수 없을 정도지. 바빌론의 황금은 해마다 더 풍족해지고 있네. 바빌론의 황금은 노력하는 사람을 위한 것일세. 바빌론의 황금은 뚜렷한 목표의식을 갖고 노력하는 사람을 기다리고 있네. 마법 같은 힘을 내는 열정은 마음가짐에서 나오네. 황금의 5가지 법칙을 마음에 새기고 꾸준히 앞으로 나아가게. 그러면 자네들이 원하는 만큼 바빌론의 황금을 누리게 될 걸세.

'황금의 5가지 법칙'은 변하지 않는 절대 진리다.

핑크팬더의 Money Talk

눈앞의 황금보다 지혜를 택하라

황금과 지혜 중 하나를 택하라면 나라도 황금을 택할 듯하다. 지혜는 눈에 보이지 않는다. 나에게 어떤 식으로 도움이 될지 와닿지 않는다. 눈앞에 황금이 있는데 마다할 사람은 없다. 우리는 항상 이런 식으로 단기 이익에 눈이 멀어 황금을 좇아다닌다. 지혜를 얻는다는 건 당장의 이익보다는 미래의 더 큰 이익을 위해 인내하고 차분하게 재산을 불려 나간다는 뜻이다. 부자는 언제나 지금보다는 더 먼 미래를 위해 노력한다.

황금의 5가지 법칙을 다시 보자.

1. 소득의 10% 이상을 저축하는 건 당장의 이익을 포기하는 것이고 미래를 위한 결정이다.

2. 저축한 돈은 스스로 일하면서 당신의 자산을 불린다.
3. 부화뇌동하지 말고 신중하게 투자해야 한다.
4. 모르면 가만히 있는 게 낫다. 배운 후에 움직여라.
5. 탐욕은 당신의 자산을 탕진하게 만든다.

뭐 하나 버릴 것 없이 마음속에 새겨 넣어야 할 법칙이다. 당장 눈앞의 황금이 아닌 미래의 황금을 추구해야 함을 명심하라. 눈앞에 보이는 황금은 우리 기분을 좋게 만들지만 결국에는 독이 된다. 끊임없이 저축하며 쌓인 황금은 누구도 훔쳐갈 수 없다. 지혜는 먼 곳에 있지 않다. 당신이 저축하는 그 돈에서 황금이 나온다. 시간이 걸릴 뿐이다.

손으로 모래를 움켜쥐면 손가락 사이로 전부 빠져나간다. 모래를 많이 움켜쥘수록 더 많은 모래가 빠져나간다. 당장 눈앞에 보이는 황금은 바로 그런 모래다. 일확천금은 사람을 기분 좋게 만들고 웃음 짓게 만든다. 그러나 찰나의 순간일 뿐이다. 시간을 견디며 만든 황금은 쉽게 사라지지 않는다. 진정한 황금은 당신이 애써 노력하여 만든 수입에서 나온다. 눈앞의 황금에 눈 돌리지 말고 평생 사라지지 않는 지혜를 얻어라.

제6장

바빌론의 대금업자

The Gold Lender of Babylon

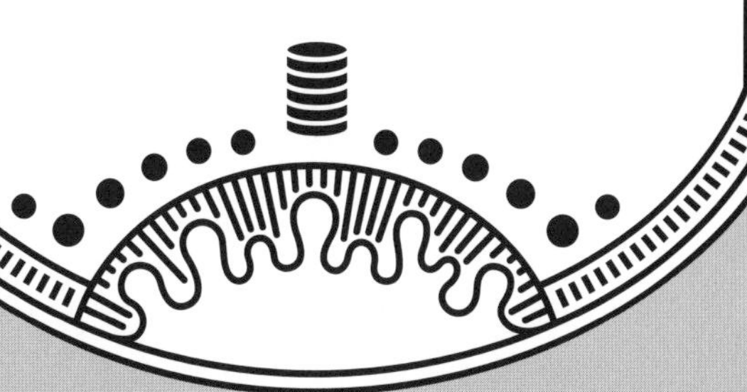

제6장

바빌론의 대금업자

마톤(Mathon)
대금업자

로단(Rodan)
창 제작자

로단의 여동생과 아라만(Araman)
로단의 여동생과 매제(여동생의 남편)

금화 50냥! 바빌론에서 창을 만드는 로단(Rodan)이 태어나서 처음 만져보는 큰돈이다. 왕궁을 나와 큰길을 걷는데 저절로 신이 났다. 걸음을 옮길 때마다 허리춤에 찬 주머니에서 금화가 짤랑대며 경쾌한 소리를 냈다. 어떤 음악도 이보다 신나진 않으리라.

금화 50냥이 모두 그의 것이었다. 이 돈이 모두 내 것이라니! 이게 꿈인지 생시인지 헷갈릴 정도였다. 세상에 돈으로 못할 게 무엇일까! 이 돈이면 뭐든지 할 수 있다. 멋진 저택, 내 땅, 소, 낙타, 말, 전차도 살 수 있다. 마음만 먹으면 뭐든 손에 넣을 수 있다.

이 돈을 어떻게 쓰면 좋을까? 로단은 어둑해지는 저녁 길을 따라 집으로 돌아가면서 금화 50냥 생각에 가득 차 있었다. '이 돈은 쓰지 않고 잘 보관하는 게 좋지 않을까? 어떻게 할까?' 이런 생각이 머릿속을 떠나지 않았다.

며칠 후 저녁 무렵, 로단은 고민이 가득한 표정으로 마톤(Mathon)의 가게에 들어섰다. 마톤은 보석이나 진귀한 옷감을 사고팔면서 돈을 빌려주는 대금업자였다. 로단은 가게 양쪽 벽에 전시된 예술품에는 눈길도 주지 않은 채 곧바로 안쪽 거실로 들어갔다. 마톤은 흑인 노예가 차려준 저녁을 우아하게 즐기고 있었다. 로단이 마톤에게 말했다.

"잘 지내셨어요? 어르신께 도움을 구하고 싶어 왔어요."

마톤이 반가운 미소를 지으며 물었다.

"자네, 혹시 무슨 실수라도 저질렀나? 노름판에서 돈을 잃은 건가? 아니면 멋진 아가씨에게 푹 빠지기라도 했나? 내 오랫동안 자네를 알고 지냈네만 오늘처럼 도움을 청한 적이 없었네."

"아니에요. 돈을 빌리러 온 게 아니에요. 어르신의 조언을 듣고 싶어서 왔어요."

"뭐라고? 내가 잘못 들었나? 대금업자에게 조언을 들으러 오다니. 아무도 대금업자에게 조언을 구하지 않는데 말이야."

"제대로 들으셨어요."

"정말인가? 대금업자에게 조언을 구하러 오다니. 생각보다 똑똑하구먼. 자네를 다시 보게 됐네. 다른 사람들은 실수를 저지르고 곤경에 빠진 다음에 돈을 빌릴 때만 나를 찾아오네. 하지만 조언을 구하진 않거든. 그런데 생각해 보게. 어려움에 빠졌을 때 찾는 대금업자야말로 다양한 세상사를 알고 있지 않겠나. 잘 찾아왔네."

마톤이 노예를 불러 말했다.

"로단이 앉을 양탄자를 가져오게. 귀한 손님이니 푸짐한 식사를 준비하고 귀한 포도주도 내오게."

지시를 마친 마톤이 로단을 보며 물었다.

“자, 이제 자네를 괴롭히는 일이 뭔지 말해 보게.”

“왕께서 하사한 선물 때문이에요.”

“왕의 선물? 왕이 준 선물이 대체 무슨 문제를 일으킨단 말인가? 그런 선물이 있을 수 있나?”

“제가 왕실 근위대가 사용할 창을 새로 만들었어요. 왕께서 보시더니 매우 흡족해하시며 금화 50냥을 하사했죠. 바로 이게 문제예요. 어떻게 알았는지 온종일 사람들이 찾아와서 금을 나눠달라고 저를 괴롭히고 있어요.”

“당연하네. 그게 인간의 본성이니까. 누구나 더 많은 돈을 원하지 않나. 누군가 쉽게 돈을 벌었다면 그걸 나누고 싶어 하는 법이지. 그런 부탁을 단호하게 거절하기 힘들지? 자네 손재주는 비상한데 의지는 약한가 보군.”

“곧잘 거절하긴 해요. 하지만 거절하기 어려울 때도 있어요. 사랑하는 여동생의 부탁은 쉽게 거절할 수 없으니까요.”

“자네 여동생이 그런단 말인가? 자네 노력으로 얻은 보상을 빼앗고 싶진 않을 텐데?”

“매제(여동생의 남편)인 아라만(Araman) 때문이에요. 여동생은 남편이 부유한 상인이 되기를 바라거든요. 여동생은 남편이 지금까지 제대로 된 기회를 만나지 못했다고 생각해요.

돈을 빌려주면 꼭 성공해서 원금에 이자까지 갚겠다면서 계속 부탁해요. 더는 거절하기 힘드네요."

"들어보니 이건 얘기할 가치가 있군. 황금을 가진 자에게는 그만한 책임이 따르네. 황금은 주변 사람과 관계를 바꿔놓기도 하지. 또 황금을 잃을까 봐 걱정하게 되고, 사기당하지 않을까 두려워하게 되지.

황금은 선한 일을 행할 힘과 능력도 주네. 하지만 선한 의도와 다르게 자네를 곤경에 빠뜨릴 수도 있네. 혹시 동물의 말을 알아듣는 니네베의 농부 이야기를 들어보았나? 이건 지어낸 이야기가 아니네.

돈을 빌려주고 돌려받는 게 무엇을 뜻한다고 생각하나? 여기에는 이 사람에게서 저 사람에게 돈이 이동하는 것 이상의 의미가 있어. 이야기를 들어보게."

니네베에 동물들이 주고받는 말을 알아듣는 농부가 있었네. 농부는 매일 저녁 동물들의 말을 듣기 위해 농장 주변을 거닐곤 했어. 어느 날 저녁 농부는 황소가 당나귀에게 투덜대는 소리를 들었지.

"나는 아침부터 밤까지 죽도록 밭을 갈아야 해. 햇볕이 쨍쨍 내리쬐는 날에도, 다리가 아파 힘든 날에도, 멍에가 내 목을 조여도 말이야. 자네는 참 여유로워 보이네. 알록달록한 안장 위에 주인을 태워 데려다주는 게 일이지. 주인이 외출하지 않는 날에는 온종일 쉬면서 풀이나 뜯고 말이야."

온순한 성격의 당나귀는 살짝 기분이 상했다. 하지만 황소의 처지를 딱하게 여겨 이렇게 조언했지.

"맞네. 자네는 정말 열심히 일하고 있지. 자네 일을 좀 덜 방법이 생각났네. 내일 아침 노예가 자네를 데리러 오면 바닥에 드러누워 앓는 소리를 내면 어떨까? 자네가 아프다고 생각하고 쉬게 해줄지도 몰라."

다음 날 아침 황소는 당나귀의 충고대로 바닥에 드러누워 끙끙댔네. 노예는 주인에게 황소가 아파서 쟁기를 끌 수 없다고 말했지. 그러자 농부가 대답했네.

"그러면 당나귀가 쟁기를 끌고 밭을 갈게 하여라. 농사를 망칠 순 없으니까."

친구를 도울 생각이었던 당나귀는 황소를 대신하여 쟁기를 끌고 밭을 갈았네. 저녁때가 되어서야 일이 끝났지. 다리가 후들거리고, 목을 옥죄는 멍에 때문에 목도 욱신거렸네. 좋은 의도로 황소를 도왔는데 결과가 이렇게 되자 당나귀는 마음이 불편했어. 그날 밤에도 농부는 농장을 거닐며 동물들의 대화에 귀를 기울였네. 황소가 말했지.

“정말 고마워. 자네 조언 덕분에 오늘 하루 푹 쉬었어.”

당나귀가 대답했네.

“나는 자네를 도우려고 순수한 마음으로 시작했는데, 돌아온 결과는 자네 대신 내가 실컷 고생하는 것이었어. 이제 쟁기는 자네가 끌게. 농부가 노예한테 하는 말을 들었거든. 자네가 또 아프면 푸줏간에 보내라고 하더라고. 진짜 그렇게 되었으면 좋겠어. 자네는 불평불만이 많고 게으르니까 말이야.”

그때부터 둘은 말도 섞지 않는 사이가 되었네. 이것으로 둘의 우정은 끝나버렸지.

“로단, 이 이야기가 주는 교훈이 뭔지 알겠나?”

로단이 대답했다.

“좋은 이야기네요. 하지만 교훈은 잘 모르겠어요.”

“자네가 그렇게 대답할 줄 알았지. 이 이야기가 주는 교훈은 간단하네. ‘친구를 돕고 싶다면, 친구의 짐을 대신 짊어지지 않는 방식으로 하라.’ 바로 이것이네.”

“미처 생각하지 못했어요. 현명한 교훈이네요. 저도 매제의 짐을 떠안고 싶지는 않아요. 이참에 어르신께 여쭐 게 있어요. 어르신은 다른 사람들에게 돈을 빌려주는 일이 많잖아요. 돈을 빌린 사람들이 잘 갚나요?”

마톤은 미소를 지었다. 온갖 세상 풍파를 겪은 사람만이 지을 수 있는 미소였다.

"빌린 사람이 잘 갚지 않으면 나는 벌써 망했을 걸세. 잘 갚으니 계속 사업을 하는 것 아니겠나. 대금업자는 현명하고 신중하게 판단해야 한다네. 돈을 빌린 사람이 내 돈을 수익성 좋은 사업에 사용하고, 제때 돈을 갚을 수 있는지 봐야 하지. 그가 돈을 허비하면 나는 소중한 돈을 잃고, 그는 헤어날 수 없는 빚더미 위에 앉게 되니까 말이야. 내가 담보로 잡은 물건들을 보여주겠네. 그리고 여기에 얽힌 이야기도 해주지."

마톤이 방에서 커다란 상자를 안고 나왔다. 상자는 청동으로 장식되고 붉은 돼지가죽으로 감싸여 있었다. 그는 상자를 바닥에 내려놓고 앉아 뚜껑 위에 두 손을 얹으며 말했다.

"나는 돈을 빌려 간 사람에게 담보물을 받아서 이 상자에 보관하네. 사람들이 빚을 갚으면 담보물을 돌려주지. 사람들이 빚을 갚지 않으면 나는 어떻겠나? 담보물을 볼 때마다 신뢰를 저버린 사람들이 떠오를 걸세. 그러니 대금업자는 안전한 대출을 해줘야 하네. 가장 안전한 대출이 뭐겠나? 내가 빌려줄 돈보다 더 가치 있는 물건을 담보로 잡는 것이네. 팔아서 빚을 갚고도 남을 만한 물건을 담보로 잡으면 안전하지. 땅, 보석, 낙타 같은 것이지. 정해진 날짜에 돈을 갚지 않으면 부동산 같은 재산을 넘기겠다고 약정하는 사람도 있네. 이런 대출이 가장 안전하네. 담보물이 확실하기 때문이지.

물론 담보가 없어도 돈 버는 능력을 보고 빌려줄 때도 있네. 자네처럼 부지런히 일하는 사람들에게 말이야. 이런 사람들은 고정 수입이 있네. 특별히 불행한 일이 없다면 원금과 이자를 갚을 수 있지. 사람 됨됨이와 근면성을 보고 빌려주는 셈이네. 한편 변변한 재산도 없고 돈 버는 능력도 없는 사람이 있네. 삶은 고달프네. 세상에 적응하지 못하고 허덕이는 사람은 늘 있기 마련이지. 이런 사람에게는 동전 한 닢을 빌려주더라도 보증인을 세워야 하네. 그의 친한 친구들에게 보증을 받는 것이지. 그렇지 않으면 내가 곤란한 상황에 처할 수 있으니까 말이야."

마톤은 상자의 걸쇠를 풀고 뚜껑을 열었다. 로단은 호기심 가득한 표정으로 상자를 들여다보았다. 주홍색 천 위에 놓인 청동 목걸이가 눈에 들어왔다. 마톤은 목걸이를 집어 들고 애틋하게 쓰다듬으며 말했다.

"이 목걸이는 언제나 상자에 남아 있을 걸세. 목걸이 주인이 세상을 떠났거든. 내게는 무척 소중한 목걸이야. 목걸이 주인은 나의 좋은 친구였네. 좋은 추억도 많았지. 우리는 함께 사업을 해서 크게 성공했어. 그런데 친구가 동방에서 데려온 여자와 결혼하면서 문제가 생겼네. 그 여자는 눈부시게 아름다웠지만 우리 바빌론 여자들과는 달랐지. 친구는 그 여자를 위해 아낌없이 돈을 쏟아부었어. 결국 친구는 돈이 바닥나고 말았네. 친구는 괴로워하며 나를 찾아와 도움을 청했지. 나는 친구에게 말했어. '그 여자를 정리하면 다시 일어설 수 있도록 아끼지 않고 돕겠네.'라고 말이야. 그는 하늘에 대고 그러겠노라 맹세했지. 하지만 뜻대로 되지 않았어. 부부싸움을 하던 중 그 여자가 친구의 심장에 칼을 꽂았네. 친구는 그 자리에서 죽고 말았지."

"그 여자는 어떻게 됐나요?"

마톤은 상자에서 주홍색 천을 집어 들며 말했다.

"이 옷은 그 여자의 유품이네. 여자는 후회하고 자책하다가 유프라테스강에 몸을 던졌지. 나는 이 유품을 볼 때마다 교훈을 되새긴다네. 고통스러운 감정에 빠진 사람에게 돈을 빌려주면 위험하다는 교훈이지."

마톤은 소뼈로 조각한 반지를 집어 들었다.

"이번에는 조금 다른 이야기네. 이 반지를 보게. 이건 한 농부가 맡긴 거야. 나는 농부의 아내가 만든 양탄자를 사들이곤 했지. 어느 해 메뚜기떼가 극성을 부려 흉년이 들었어. 농부 내외는 먹을 것조차 없었지. 나는 농부에게 곡식을 빌려줬고 이듬해 농부는 빌린 곡식을 갚았네. 그리고 얼마 후 그가 나를 다시 찾아왔지. 한 여행자에게 들었다면서 먼 나라의 특별한 염소 이야기를 해주었어. 그 염소는 털이 길고 부드러워 바빌론에서 찾아볼 수 없는 아름다운 양탄자를 만들 수 있다는 거야. 농부는 그 염소를 사고 싶었지만 돈이 없었지. 그래서 나는 농부에게 염소를 살 돈과 여행 경비를 빌려줬네. 지금 농부는 열심히 염소를 키우고 있지. 내년이면 가장 값비싸고 아름다운 양탄자가 만들어지네. 바빌론의 귀족과 부자들은 깜짝 놀랄 테지. 아마 모두 양탄자를 사고 싶어 안달할 걸세. 나는 곧 이 반지를 돌려주게 될 거야. 농부가 돈을 빨리 갚고 싶어 하거든."

로단이 다시 물었다.

"아, 돈을 빨리 갚는 사람들도 있군요."

"돈을 벌 확실한 계획이 있는 사람은 그렇다네. 하지만 아무 계획도 없이 무턱대고 돈을 빌리려는 사람은 주의하게."

로단이 보석이 박힌 금팔찌를 집어 들며 말했다.

"이 팔찌 이야기도 궁금하네요."

"여자에게 관심이 많군."

"저는 어르신보다 젊으니까 당연하죠."

"인정하겠네. 하지만 이 팔찌에 담긴 사연은 그렇게 낭만

적이지 않네. 팔찌의 주인은 뚱뚱하고 주름이 자글자글한 여자였어. 온종일 쓸데없는 얘기를 떠들어대서 나를 미치게 했지. 원래 여자의 집안은 꽤 잘살았는데 불행한 일이 닥쳐서 가세가 기울었네. 여자에게는 아들이 있었어. 여자는 아들이 훌륭한 상인이 되기를 바랐네. 여자는 나를 찾아와서 돈을 빌렸지. 아들이 낙타를 타고 돌아다니며 장사하는 상단과 동업할 수 있도록 말이야.

그런데 알고 보니 그 상단 주인은 사기꾼이었어. 먼 도시로 가는 길에 여자의 아들이 잠들자 모든 짐을 챙겨 줄행랑을 쳤지. 아들은 졸지에 머나먼 이국땅에서 빈털터리가 되었네. 아들이 성장하면 언젠가 돈을 갚겠지만 그때까지 나는 돈을 받지 못하고 기다릴 수밖에 없게 됐지. 하지만 이 금팔찌는 그만한 가치가 있으니 문제는 없네."

"그 여자는 어르신께 아무런 조언을 구하지 않았나요?"

"구하지 않았네. 여자는 아들이 바빌론에서 가장 부자가 되고 힘 있는 사람이 될 거라는 환상에 빠져 있었어. 내가 현실을 얘기하면 오히려 불같이 화를 내곤 했네. 그러니 더 말해 뭐하겠나. 나는 여자의 아들에게 닥칠 일이 뻔히 보였어. 하지만 담보를 맡기면서 돈을 빌려달라고 하니 빌려주지 않을 이유가 없었네."

마톤은 매듭진 밧줄을 꺼내면서 이야기를 이었다.

“이건 낙타 상인 네바투르(Nebatur)의 것이네. 낙타를 살 돈이 부족하다면서 이걸 들고 나를 찾아왔지. 나는 가치 없는 이 밧줄을 담보로 잡고 돈을 빌려줬네. 그는 현명하고 경험이 많은 상인이야. 그의 사업수완은 믿을 수 있지. 그를 믿고 흔쾌히 돈을 빌려줬네. 바빌론에는 네바투르 말고도 믿을 만한 상인이 많네. 훌륭한 상인은 바빌론의 자산이지. 그들이 잘되면 나도 이익을 얻고 바빌론도 더욱 번영한다네.”

마톤은 터키의 돌을 조각하여 만든 딱정벌레를 꺼내 바닥에 톡 던지면서 말했다.

“이건 이집트에서 건너온 거야. 이것을 맡긴 청년은 돈을 갚을 생각이 아예 없네. 나도 포기했지. 내가 돈을 갚으라고 하면 청년은 이렇게 말한다네. ‘온갖 불운이 나를 따라다니는데 어떻게 돈을 갚아요. 돈도 많은 분이 너무하시네요.’ 그러니 내가 뭘 어쩌겠나. 이 담보도 사실 청년의 아버지 물건이라네. 가진 건 별로 없지만 착실한 사람이었지. 그는 아들의 사업을 밀어주려고 땅과 가축을 담보로 맡겼네. 처음에 청년은 열심히 일했고 성공했었어. 하지만 그다음부터 탐욕에 가득 차서 욕심을 부렸지. 청년이 세상을 얼마나 겪어봤겠나. 과욕을 부리다가 결국 망하고 말았네.

젊은이가 야망이 있는 건 당연하네. 그건 좋은 일이지. 하지만 젊은이들은 부를 자랑하고 싶어 하네. 하루빨리 부자가 될 생각에 지름길을 찾으려 하지. 그래서 깊게 생각하지 않고 쉽게 돈을 빌리네. 빚이 얼마나 무서운지 모르는 것이지. 경솔하게 얻은 빚은 빠르게 늘어나고 결국 수렁에 빠지게 되네. 수렁에서 빠져나오려고 몸부림칠수록 더 수렁으로 빠져들지. 한 줄기 빛도 보이지 않는 비탄의 수렁으로 말이야.

그렇다고 돈을 빌려서 사업하지 말라는 뜻은 아니네. 돈을 빌려서 사업하는 게 나쁘다고 생각하지 않네. 오히려 권장하는 편이네. 단, 분명한 목적과 치밀한 계획이 있을 때만 그렇네. 나도 빌린 돈으로 시작하여 성공했으니 말이야.

그런데 이 청년 같은 사람을 만났을 때 나 같은 대금업자는 어떻게 해야겠나? 청년은 절망에 빠져 아무것도 안 하고 허송세월하고 있네. 돈을 갚을 생각도 없지. 나도 청년의 아버지에게서 땅과 소를 빼앗고 싶지는 않다네."

"흥미로운 얘기네요. 하지만 제 질문에 대한 답은 아직 못 들었어요. 제가 매제에게 돈을 빌려주는 게 맞을까요? 제게는 너무 중요한 문제예요."

"자네 매제가 내게 와서 돈을 빌려달라고 한다면 나는 그 돈을 어디에 어떻게 쓸 것인지 물어보겠네. 만약 그가 나처럼 보석이나 고급 가구를 사고파는 사업을 하고 싶다고 답하면 나는 이렇게 물어볼 거야. '보석이나 가구장사가 이뤄지는 방식을 얼마나 알고 있나? 어디에서 물건을 가장 싸게 살 수 있는지 아나? 어디에 가야 제값을 받고 팔 수 있는지도 아나?' 그가 이 질문에 '예'라고 답할 수 있을까?"

"대답할 수 없을 거예요. 그는 창을 조금 만들 줄 아는 정도예요. 제 가게와 다른 가게에서 일을 돕곤 했었죠."

"그렇다면 나는 '자네는 장사를 잘 모르고 분명한 목적과 치밀한 계획도 없으니 장사하지 말게.'라고 할 것이네. 상인은 장사에 대해 잘 알아야 하기 때문이네. 그의 꿈은 좋지만 구체적이지 않고 성공 가능성도 크지 않네. 나는 그에게 돈을 빌려주지 않을 것이네.

하지만 자네 매제가 '그동안 상인들 일을 많이 도우며 장사 경험을 쌓았습니다. 스미르나(Smyrna, 고대 도시)로 가는 길을 잘 알고, 양탄자를 싸게 사는 방법도 알고 있습니다. 또한 바빌론의 부자도 많이 알고 있어서 큰 이익을 남기고 팔 수 있습니다.'라고 말한다면 나는 이렇게 말할 거야. '자네 꿈이 마음에 드네. 계획도 구체적이니 잘할 수 있으리라 믿네. 적당한 담보를 맡긴다면 기꺼이 돈을 빌려주겠네.'

그러면 아마 그는 이렇게 말하겠지. '저는 정직하고 믿을 수 있는 사람입니다. 지금 담보는 없지만 기회를 주세요. 나중에 꼭 갚겠습니다.' 그가 이렇게 말하면 나는 '적은 돈도 내게는 소중하네. 자네가 스미르나에 다녀오는 도중에 강도라도 만나면 내 돈을 어떻게 갚을 텐가? 내 돈은 그냥 허공으로 사라지지 않겠나?'라고 말할 걸세."

마톤은 계속 말을 이었다.

"로단, 자네도 알다시피 돈은 대금업자가 파는 상품이네. 빌려주기는 쉽지. 하지만 경솔하게 빌려주면 돌려받기 어렵네. 현명한 대금업자는 신중하게 판단하여 빌려줘야 하네. 약속만 믿고 빌려주면 안 되네. 반드시 안전하게 돌려받을 방법을 마련하고 빌려줘야 하네.

물론 곤경에 처한 사람을 돕는 것은 좋네. 운명의 무게에 짓눌린 사람을 돕는 건 좋은 일이지. 그들의 삶이 하루하루 나아지고 제 몫을 하는 시민이 되는 것은 바람직하네. 하지만 현명한 방법으로 도와야 하네. 농부의 당나귀처럼 다른 사람의 짐을 대신 떠맡아서는 안 되네. 선한 의도가 좋은 결과를 만들지는 않는 법이니까 말이야.

자네 질문에 답하다가 잠시 옆으로 샜네. 자네 질문에 답할 테니 잘 듣게. 금화 50냥을 잘 지키게. 자네가 땀 흘린 대가로 번 돈은 온전히 자네 것이네. 자네가 원한다면 모를까,

그렇지 않으면 누구도 그 돈을 나누자고 할 권리는 없어. 자네가 더 많은 돈을 벌고 싶다면 신중하게 판단하고, 여러 곳에 나눠서 빌려주게. 돈을 놀려서는 안 되네. 그렇다고 돈을 위험에 빠뜨려서도 안 되네. 잊지 말고 기억하게. 그런데 자네가 창을 만든 지 얼마나 됐지?"

"꼬박 3년이요."

"왕에게 받은 돈 말고 따로 저축한 돈도 있나?"

"금화 세 냥을 모았어요."

"일하고 아껴 쓰면서 매년 금화 한 냥을 저축한 셈이군."

"맞습니다."

"그렇다면 자네가 50년 동안 허리띠를 졸라매야 금화 50냥을 모을 수 있겠군."

"네, 평생 일해야 모을 수 있는 돈이죠."

"50년 동안 일해야 모을 수 있는 돈을 날리고 싶은 사람이 있을까? 자네 여동생도 그렇지 않을 거야."

"네, 여동생도 그렇게 생각하겠죠."

"그러면 여동생에게 이렇게 말하게. '나는 3년 동안 새벽부터 밤늦게까지 쉬지 않고 일했어. 먹고 싶은 것도 먹지 않고, 사고 싶은 것도 사지 않았지. 1년 내내 일하고 금화 한 냥씩 모았어. 너는 내가 사랑하는 소중한 동생이야. 나도 매제의 사업이 잘됐으면 좋겠어. 하지만 매제가 사업에 성공하려면 구체적이고 철저한 준비가 필요하거든. 매제가 현명하고 실현 가능한 사업계획을 세워 보여주면 좋겠어. 대금업자 마톤이 인정할 만한 사업계획이라면 내가 평생 모은 돈을 아낌없이 빌려줄 거야. 그런 계획이라면 매제도 반드시 성공할 거야.'

매제가 사업에 성공할 만한 자질이 있다면 괜찮은 사업계획을 세워 올 것이네. 그런 자질이 있다면 이번 사업에 실패해도 빚이 더 크게 늘지는 않을 거야. 또 언젠가는 반드시 빚을 갚을 걸세."

마톤은 로단에게 아낌없이 조언했다.

"대금업자는 넉넉한 자금이 있어야 하네. 내가 대금업을 하는 것도 넉넉한 자금이 있기 때문이네. 내 여유자금이 유익하게 쓰여서 빌린 사람도 돈을 벌고 나도 돈을 벌었으면 좋겠어. 하지만 내 돈을 위험에 빠뜨리고 싶지는 않네. 등골이 휘도록 일하면서 악착같이 아끼고 모았기 때문이네.

나는 안전하다고 확신할 수 없는 곳이나 돌려받지 못할 곳에는 돈을 빌려주지 않을 거야. 이자를 제때 지급하지 않는 곳도 마찬가지네. 지금까지 내 담보물 상자에 담긴 비밀을 말해주었네. 여기에 얽힌 이야기에서 자네가 교훈을 얻었으면 좋겠어. 인간은 약점이 많네. 갚을 방법도 없으면서 아무런 대책 없이 돈을 빌리려고 한다네. 이해하겠나? 사람들은 한밑천만 있다면 쉽게 큰돈을 벌 수 있다고 생각하네. 하지만 돈을 벌고 관리할 능력이 없으면 헛된 희망일 뿐이지.

자네에게는 돈으로 돈을 벌 수 있을 만한 밑천이 있네. 자네도 나처럼 돈을 빌려주는 사람이 될 수 있어. 금화 50냥을 안전하게 잘 관리하면 그 황금은 자네를 위해 일하고 돈을 벌어줄 걸세. 평생 즐거움을 누리면서 살 수 있는 원천이지. 하지만 자네가 허투루 돈을 낭비하면 슬픔과 후회 속에 살 것이네. 자, 이제 금화 50냥으로 무엇을 할 생각인가?"

"안전하게 지켜야죠."

마톤이 만족스러운 표정으로 답했다.

"좋네. 무엇보다 안전이 최고니까. 그 돈을 매제에게 맡기면 안전하다고 생각하나?"

"아니요. 매제는 돈을 다룰 줄 몰라요. 완전 젬병이죠."

"의무감으로 돈을 빌려줘서는 안 되네. 가족이나 친구라도 말이네. 가족이나 친구를 돕고 싶나? 그렇다면 위험이 없는 방법을 찾게. 돈을 다룰 줄 모르는 사람은 순식간에 돈을 날리는 법이네. 다른 사람이 자네 돈을 날리게 할 바에야 차라리 자네가 흥청망청 써 버리는 게 낫네. 이제 자네 돈은 안전하겠군. 그럼 다음에는 무엇을 해야겠나?"

"그 돈으로 더 많은 돈을 벌어야죠."

"현명한 답이네. 돈으로 돈을 벌고 점점 불려야 하네. 현명하게 돈을 투자하면 돈은 알아서 자라나고 불어나는 법이야. 돈을 잃을 위험을 감수해서는 안 되네. 그 돈이 앞으로 벌어줄 돈도 날아가는 셈이니 말이야.

말만 번지르르한 사기꾼이 떠드는 그럴듯한 말에 속지 말게. 그런 계획은 실현 불가능한 망상이야. 고수익을 약속하는 사람을 믿으면 큰 손실을 보게 되네. 그러니 기대치를 낮추고 늘 보수적으로 투자하게.

그리고 이미 성공한 사람들과 거래하게. 이미 성공한 사람들은 경험이 많고 현명한 판단을 할 줄 알거든. 자네 돈을 안전하게 지켜줄 것이네. 이런 사람들과 거래하면 불행한 일을 피할 수 있네."

로단이 고맙다고 말하자 마톤은 덧붙여 말했다.

"왕의 선물이 자네에게 많은 지혜를 가르쳐줄 걸세. 금화 50냥을 지키려면 신중해야 하네. 주변에서 유혹하는 사람도 많고 훈수를 두는 사람도 많을 거야. 큰돈을 벌 기회를 제안하는 사람도 많겠지. 그때마다 내 담보물 상자의 교훈을 떠올리게. 빌려주기 전에 돌려받을 방법을 마련하게. 내 조언이 필요하면 언제든지 다시 찾아오게나. 기쁜 마음으로 도와주겠네. 마지막으로 내 담보물 상자 덮개에 새겨진 글을 읽어보게. 돈을 빌려주는 사람이나 빌리는 사람 모두가 알아야 할 교훈이네."

상자 덮개에는 다음과 같은 글귀가 새겨져 있었다.

"나중에 크게 후회하지 말고 지금 조심하는 게 낫다."

"Better a Little Caution Than a Great Regret."

나중에 크게 후회하지 말고 지금 조심하는 게 낫다.

핑크팬더의 Money Talk

바빌론의 대금업자에게 배우는 교훈

대금업자만큼 돈을 확실하게 따지는 사람은 없다. 그에게 돈이란 생명이다. 누군가에게 돈을 빌려주는 일은 자선사업이 아니다. 빌려주고 돌려받지 못하는 경우를 생각해야 한다.

쉽게 빌려줄 수 없는 게 돈이다. 철저하게 따져보고 냉정하게 판단해야 한다. 지인이나 친인척이라도 정에 이끌려 돈을 빌려주지 않는다. 대금업자는 돈을 빌려주고 돈을 버는 직업이기에 돈을 떼이는 건 치명적이다. 생존이 걸린 문제다.

돈을 빌려줄 때 어떻게 해야 하겠는가? 당신이 대금업자라고 생각해 보자. 당신이 자신에게 돈을 빌려준다면 어떨까? 자신에게 돈을 빌려줄 수 있겠는가? 냉정하게 따져보고 판단해야 한다. 생존이 걸린 문제이기 때문이다. 자신이 어떤 사람인지는 자신이 제일 잘 안다. 다행히 대금업자인 당신은 그 누구보다 자신을 잘 안다. 자신을 속이려 하지 않는다면 당신보다 더 확실하게 평가할 사람은 없다.

내가 더할 나위 없이 착하고 좋은 사람이라는 건 그 누구보다 내가 잘 안다. 단지 그런 이유만으로 돈을 빌려주겠는가? 절대로 그렇지 않을 것이다. 돈을 돌려받을 가능성이 얼마나 되는가? 정해진 기간 내에 돌려줄 사람인가? 어떤 사업에 쓰려고 빌리는가? 사업이 잘되어 약속한 날짜에 돌려받을 수 있는가? 그 사업이 실패해도 돈을 돌려받을 수 있는 사람인가? 이런 질문에 답해보면 된다. '나'라는 사람이 다른 사람 눈에 어떻게 보이는지 낱낱이 알 수 있을 것이다.

대금업자는 돈을 빌려주기 전에 냉정하게 판단해야 한다. 갑자기 로또를 맞아 10억 원이 생겨도 이 사실은 변하지 않는다. 준비가 되어 있지 않으면 그 돈은 결코 내 것이 아니다. 나를 스쳐 지나갈 뿐이다.

갑작스럽게 돈이 생겨 어쩔 줄 모르는 로단보다 대금업자인 마톤이 더 믿음직스럽다. 마톤은 10억 원의 돈을 잘 굴릴 거라는 믿음이 있지만 로단은 아니다. 그런 로단에게 돈이 생기면 주변 사람들이 호시탐탐 그 돈을 노릴 것이다. 당신은 지금 로단인가, 마톤인가? 앞으로는?

제7장

바빌론의 성벽

The Walls of Babylon

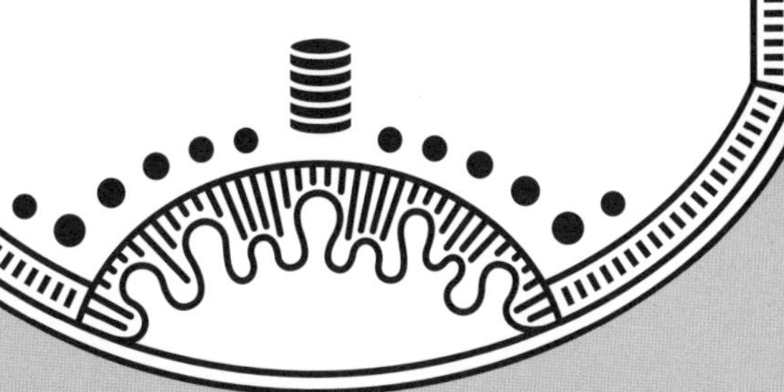

제7장

바빌론의 성벽

반자르(Banzar)

오랫동안 바빌론 성벽을 지켜 온 노병

노병 반자르(Banzar)는 바빌론 성벽 꼭대기로 이어지는 길을 지키고 있었다. 성벽 위쪽에서는 용맹한 병사들이 성벽을 지키기 위해 사투를 벌이고 있었다. 바빌론의 미래와 수십만 시민의 목숨이 그 성벽에 달려 있었다.

성벽 너머에서 적군이 공격을 퍼부었다. 적군은 함성을 지르며 성벽을 올랐다. 수천 마리의 말발굽 소리가 땅을 뒤흔들고, 성문을 때리는 쇠망치 소리가 울려 퍼졌다. 성문 안쪽에는 창병들이 서성이고 있었다. 성문이 뚫렸을 때 입구를 방어하기 위해서다. 하지만 그 숫자는 턱없이 적었다.

바빌론 왕과 주력 부대는 엘람 왕국을 정벌하러 떠나고 없었다. 왕과 주력 부대가 자리를 비운 사이 적이 공격해올 것이라고는 아무도 예상하지 못했다. 바빌론 수비 병력은 너무 적었다. 이런 상황에 느닷없이 아시리아가 쳐들어온 것이다. 지금 성벽을 지켜내지 못하면 바빌론의 미래는 없었다.

반자르 주변으로 수많은 사람이 모여들었다. 사람들은 하얗게 겁에 질린 얼굴로 전쟁이 어떻게 돌아가는지 알고 싶어 웅성댔다. 부상자와 사망자가 들것에 실려 가는 것을 보는 사람들의 마음은 무거웠다.

바빌론 성벽의 전투는 점점 치열해지고 있었다. 적군이 성벽을 포위한 지 사흘째 되는 날이었다. 갑자기 적군은 반자르가 있는 성벽을 향해 총공세를 퍼부었다. 성벽 수비병도 용감하게 맞섰다. 사다리를 타고 성벽을 오르는 적군에게 화살을 쏘아대고 펄펄 끓는 기름을 부어댔다. 성벽 꼭대기까지 올라온 적병을 창으로 찔러서 떨어뜨렸다. 성벽 아래에서는 적군 궁수들이 엄청난 화살 세례를 퍼부었다.

반자르는 한눈에 전투 상황을 알아볼 수 있는 지점에 있었다. 전투 현장에 가까이 있었기 때문에 적군의 소식을 가장 먼저 알 수 있었다. 나이 지긋한 상인이 손을 부들부들 떨며 그에게 다가와서 애원하듯 말했다.

"어떻게 됐나? 제발 말 좀 해주게! 적군이 성안으로 들어왔나? 내 아들들은 모두 왕을 따라 전쟁터로 떠났어. 나와 아내를 지켜줄 사람이 아무도 없네. 적군이 성안으로 들어오면 모든 걸 빼앗아 갈 거야. 우리는 너무 늙어서 우리 몸을 지킬 수 없으니 결국 다 빼앗기고 굶어 죽을 거라고! 바빌론이 함락되진 않겠지? 제발 그렇다고 말해주게!"

반자르가 대답했다.

"진정하세요. 바빌론의 성벽은 튼튼해서 쉽게 함락되지 않아요. 돌아가서 할머니를 안심시켜 주세요. 바빌론의 성벽이 왕의 보물을 지키듯이 시민들의 재산도 지켜줄 거라고 얘기해 주세요. 돌아갈 때 성벽을 따라 돌아가세요. 적군의 화살에 맞을지도 모르니까요."

노인이 돌아가자 아이를 안은 여자가 나와서 말했다.

"성벽 위에서 온 새로운 소식은 없어요? 우리 불쌍한 남편을 안심시키고 싶어요. 남편은 심각한 상처를 입고 고열에 시달리고 있어요. 그런데도 가족을 지키겠다고 갑옷과 창을 달라며 고집을 피우고 있어요. 복수심에 불타는 적들이 쳐들어오면 끔찍할 거라고 했어요."

"바빌론의 성벽이 모두를 지켜줄 겁니다. 성벽은 높고 튼튼하거든요. 우리 병사들의 함성이 들리지 않나요? 사다리를 타고 오르는 적에게 펄펄 끓는 기름을 부어대면서 함성을 지르는 소리예요."

"네, 들려요. 하지만 우리 성문을 부수는 쇠망치 소리가 들려서 왠지 불안해요."

"안심하고 돌아가세요. 성문은 튼튼해서 쇠망치 따위에 부서지지 않는다고 전해주세요. 성벽을 타고 오르는 적도 창병들이 간단히 해치울 거예요. 걱정하지 말고 돌아가세요."

중무장한 병사들이 이쪽으로 오는 모습이 보였다. 반자르는 병사들이 지나갈 수 있도록 길을 터주었다. 병사들이 방패와 갑옷을 철컥대며 지나가자 사람들 틈에서 작은 여자아이가 나와 반자르의 허리띠를 잡아당겼다.

"아저씨, 말해주세요. 우리는 괜찮을까요? 무서운 소리가 들리고 피투성이가 된 사람들이 보여요. 너무 무서워요. 우리 가족은 괜찮을까요?"

노병 반자르는 몸을 굽혀 아이를 바라보며 말했다.

"얘야, 무서워하지 마라. 바빌론 성벽이 너와 엄마, 동생을 지켜줄 거야. 이 성벽은 100년 전에 세미라미스 여왕이 지었단다. 너처럼 어린아이를 지켜주기 위해서란다. 성벽은 단 한 번도 함락된 적이 없단다. 그러니 돌아가서 엄마와 동생에게 무서워하지 말라고 전하거라."

반자르는 매일매일 자기 자리를 지켰다. 매일같이 바빌론 병사들이 그 길을 지나갔다. 병사들은 전사하거나 부상당할 때까지 싸웠다. 반자르 주위에는 겁에 질린 시민들이 끊이지 않았다. 바빌론 성벽이 무사한지 알고 싶은 사람들로 붐볐다. 노병 반자르는 늘 위엄이 서린 목소리로 답했다.

"바빌론의 성벽이 여러분을 지켜줄 겁니다."

적군의 공격은 3주 닷새 동안 멈추지 않고 계속되었다. 반자르가 지키는 길은 부상자의 피로 물들었다. 성벽의 안전을 걱정하는 사람들의 발길도 끊이지 않았다. 길바닥은 흙과 피가 뒤섞인 붉은 진흙길로 바뀌어 갔다. 매일매일 성벽 앞에는 적병의 시체가 산더미처럼 쌓였다.

3주가 지나고 또 닷새가 지나자 적군의 함성이 잦아들었다. 다음 날 아침 햇빛이 평원을 비추자 거대한 먼지 구름을 일으키며 퇴각하는 적군이 보였다. 바빌론 성벽을 지키던 수비군은 성벽이 무너질 듯한 함성을 질렀다. 함성의 의미를 모르는 사람은 없었다. 성벽 뒤의 병사들도 기쁜 표정으로 함성을 질렀다. 거리에도 함성의 메아리가 울려 퍼졌다.

사람들은 거리로 뛰쳐나왔다. 거리는 금세 사람들로 가득 차서 발 디딜 틈이 없었다. 사람들은 서로 얼싸안고 기쁨을 나눴다. 한 달 가까이 모두를 짓누르던 두려움은 기쁨의 함성으로 바뀌었다. 벨 신전의 탑 꼭대기에 승리의 불꽃이 타올랐다. 승리를 알리는 푸른 연기가 하늘 높이 솟아오르며 승리의 기쁨을 널리 알렸다.

바빌론의 성벽은 바빌론의 부를 약탈하고 노예로 삼으려던 강력하고 사악한 적을 물리쳤다. 바빌론은 성벽으로 완벽하게 보호되었기 때문에 오랫동안 영화를 누릴 수 있었다. 바빌론의 성벽은 무언가에 보호받고자 하는 인간의 욕망을 보여주는 좋은 예이다. 보호받고자 하는 욕망은 인간의 본성이기도 하다. 바빌론 시대를 살았던 사람에게만 해당하는 얘기가 아니다. 오늘날을 사는 우리도 마찬가지다.

이런 목적을 위해 인간은 더 좋은 제도를 만들고 발전시켜왔다. 그것은 바로 보험, 예금통장, 미래를 대비한 투자이다. 이 세 가지 도구를 효과적으로 활용하면 성문을 부수고 들어오려는 적군을 막을 수 있다. 당신도 차근차근 준비하여 난공불락의 성벽을 쌓기 바란다.

당신을 안전하게 지켜줄 성벽을 쌓아라.

핑크팬더의 Money Talk

바빌론처럼 튼튼한 성벽을 쌓아라

수많은 강대국이 나타났다 사라졌다. 강대국이 오랫동안 번영한 이유는 공격이 아니라 수비였다. '모든 길은 로마로 통한다.'라는 말처럼 로마가 번영을 누린 비결은 수많은 주변 국가를 점령한 것보다 그들 국가를 잘 다스려 외부의 침입을 막은 데 있다.

역사상 그 어떤 국가도 마찬가지다. 오래된 강대국일수록 수비를 탄탄히 한 덕분에 오래도록 유지될 수 있었다. 프로 스포츠 분야에도 오래된 격언이 있다. '공격은 관중을 즐겁게 하지만, 수비는 우승을 만든다.' 수비는 모든 것의 기본이자 기초다. 수비가 약한 팀은 절대로 우승할 수 없다.

개인도 똑같다. 공격적인 투자를 하다가 망하는 건 한순간이다. 몇 번의 손실만으로 힘들게 모은 돈이 전부 사라진다.

부자들이 부를 유지하는 건 공격적인 투자 때문이 아니다. 돈을 잃지 않으려 노력한 덕분이다. 부자들은 자산을 더 늘리려고 무리하게 투자하지 않는다. 이미 보유한 자산을 유지하기만 해도 충분하다. 역설적으로 이토록 보수적인 투자 방법이 오히려 더 큰 수익을 낸다. 무리한 투자는 일시적으로 큰돈을 벌 수 있을지 몰라도 계속 성공하기 힘들다. 상당한 요행이 따라야 한다.

자신의 돈을 지키는 데는 요행이 따르지 않아도 된다. 아주 쉽고 편하다. 실행하는 방법도 무척 단순하다. 성벽으로 바빌론을 지킬 수 있었던 것과 똑같다. 마음속에서는 당장이라도 뛰쳐나가 적을 물리치고 싶을 것이다. 하지만 바빌론은 끝까지 참고 버텨서 승리할 수 있었다. 당신의 자산도 그래야 한다. 당신의 자산을 지키기 위해 노력해야 한다. 공격은 신나지만 수비는 매력적이지 않고 지루하게 느껴진다. 부자가 되는 비결이 여기에 있는데도 이를 실행하는 사람은 드물다.

공격적인 투자로 자산을 불릴 수 있지만 여기에는 큰 위험이 따른다. 수비적인 투자는 자산이 늘어나는 속도가 느리고 답답하다. 하지만 시간이 지나고 끝까지 살아남은 자는 수비적인 투자자다. 만약을 대비한 투자는 더디다. 하지만 당신이 오래도록 무너지지 않고 살아남을 튼튼한 성벽이다.

언제인지 모를 뿐이지 적은 분명히 침공한다. 그때를 위해 미리미리 성벽을 잘 쌓고 대비하지 않으면 안 된다. 만약을 대비하며 투자하면 든든한 성벽이 당신을 지켜줄 것이다. 바빌론의 성벽을 꼭 기억하자!

제8장

바빌론의 낙타상인

The Camel Trader of Babylon

ꝏꝏ 제8장 ꝏꝏ

바빌론의 낙타상인

타르카드(Tarkad)

빚에 허덕이고 있다

다바시르(Dabasir)

낙타상인으로 젊었을 때 노예가 된 적이 있다

시라(Sira)

사막 족장의 첫 번째 부인

'사람은 굶주릴수록 정신이 맑아지고 음식 냄새에도 민감해진다.' 타르카드(Tarkad)는 이렇게 생각했다. 그는 이틀이나 굶었다. 이틀간 먹은 것이라고는 남의 정원에서 훔쳐 먹은 작은 무화과 두 개뿐이었다. 배가 부르도록 먹고 싶었지만 그럴 수 없었다. 화가 잔뜩 난 여자가 큰소리로 고함치며 쫓아왔기 때문이다. 타르카드는 시장으로 내달렸다. 여자의 날카로운 소리가 아직도 귓가에 맴돌았다. 덕분에 시장에 장보러 나온 여인의 바구니에서 과일을 슬쩍하고 싶은 유혹을 참을 수 있었다.

지금까지 시장에 자주 왔었지만 음식 냄새가 이토록 향기로운지 몰랐다. 맛있는 냄새를 뒤로하고 시장을 빠져나와 여인숙으로 발걸음을 옮겼다. 여인숙 옆에 식당이 보였다. 혹시 아는 사람을 만날지도 모른다는 생각으로 식당 근처를 어슬렁댔다. 아는 사람을 만나면 동전 한 냥이라도 빌릴 생각이었다. 그러면 여인숙 주인도 나를 푸대접하지 않고 기꺼이 음식을 내줄 것이다.

한창 망상에 빠져 있던 타르카드는 가장 만나고 싶지 않은 사람과 마주치고 말았다. 그 사람은 키 크고 마른 낙타상인 다바시르(Dabasir)였다. 타르카드는 여기저기서 돈을 빌렸는데 그중 다바시르는 가장 껄끄럽고 불편한 사람이었다. 돈을 갚겠다는 약속을 몇 번씩이나 지키지 못했기 때문이다.

타르카르를 발견한 다바시르의 얼굴이 밝아졌다.

"어이! 타르카드 아닌가! 이렇게 만나다니 잘됐네. 전에 빌려준 은화 한 냥과 동전 두 냥을 받아야겠네. 마침 오늘 돈 쓸 데도 있어서 말이야. 자네, 왜 아무 말도 없나? 설마 돈이 없는 건가?"

타르카드는 우물쭈물하며 아무 말도 하지 못했다. 얼굴이 붉게 달아올랐다. 뭐라고 변명이라도 하고 싶었지만 이틀이나 굶어서 말할 기운도 없었다. 맥없는 목소리로 중얼거렸다.

"죄송해요. 오늘은 은화도 없고 동전도 없어요."

다바시르도 호락호락하지 않았다.

"그럼 다른 데서 구해서라도 가져오게. 옛친구인 자네 아버지 얼굴을 봐서 돈을 빌려줬는데 말이야."

"운이 없다 보니 되는 일이 하나도 없네요. 하는 일마다 불운이 따라다니거든요."

"운이 없다고? 자네가 만든 문제를 신의 탓으로 돌리는 건가. 불운은 자네처럼 돈을 빌릴 생각을 하는 사람을 따라다니는 법이네. 나랑 같이 가세. 마침 나도 배가 고프니 뭐라도 먹으면서 이야기를 해주겠네."

타르카드는 다바시르의 따끔한 말에 움찔했다. 한편으로

는 기뻤다. 다바시르의 말은 밥을 사준다는 뜻이었기 때문이다. 이틀이나 굶었으니 다바시르를 따라갈 수밖에 없었다. 다바시르는 식당 한쪽 구석으로 타르카드를 데려갔다. 식당 주인이 미소를 지으며 다가왔다. 다바시르는 식당 단골이었다. 거침없이 자연스럽게 말했다.

"빵과 야채를 듬뿍 가져오고 노릇노릇 잘 구운 염소 다리도 하나 주게. 배가 고프니 많이 가져오게. 그리고 이 친구에게는 물 한 잔 주게. 날이 더우니 시원한 걸로 말이야."

타르카드는 심장이 내려앉는 기분이었다. 다바시르가 염소 다리를 맛있게 뜯는 동안 물이나 마시고 있어야 한다니! 그렇지만 아무 말도 할 수 없었다. 다바시르는 타르카드의 마음 따위는 신경 쓰지 않았다. 다바시르는 식당에서 만난 지인들에게 미소를 짓고 손을 흔들더니 말을 이었다.

"우르파(Urfa)에서 막 돌아온 여행자에게 들은 얘기가 있네. 어떤 부자가 돌조각을 아주 얇게 잘라 창문을 만들었다고 하더군. 그 돌은 노란색인데, 돌을 통해 바깥세상을 볼 수 있을 정도로 얇다고 하네. 여행자가 그 창을 통해 세상을 보니 세상이 실제와는 다른 색으로 보였다고 하더군. 자네는 어떻게 생각하나? 사람에 따라 세상이 다른 색으로 보일 수 있다고 생각하나?"

타르카드는 통통한 염소 다리에 마음을 빼앗긴 채 대답했다.

"아마도요."

"나는 그것이 진실임을 아네. 나도 세상을 다른 색으로 본 적이 있거든. 내 이야기를 해주겠네. 그리고 내가 어떻게 세상을 원래의 색으로 보게 되었는지도 말이야."

옆에 앉은 손님이 주변 사람들에게 "다바시르가 이야기를 들려준대."라고 말하며 다바시르 근처에 자리를 잡았다. 다른 손님들도 음식을 들고 와 반원형으로 둘러앉았다. 타르카드의 귓가에 사람들이 음식을 우적우적 씹는 소리가 유독 크게 들렸다. 야속하게도 다바시르는 고기 한 점 권하지 않았고 빵 한 조각도 나눠주지 않았다. 다바시르는 염소 다리를 한 입 뜯고 이야기를 시작했다.

"내가 들려주려는 이야기는 내가 낙타상인이 된 사연이네. 혹시 내가 한때 시리아에서 노예 생활을 했다는 사실을 아는 사람이 있나?"

사람들이 놀라서 웅성거렸다. 다바시르는 만족스러운 표정을 지으며 이야기를 이어갔다.

젊었을 때 나는 아버지에게 말안장 만드는 방법과 장사하는 법을 배웠네. 아버지 가게에서 일하면서 결혼도 했지. 성실하게 열심히 일했어. 그렇지만 특별한 기술이 없어서 돈벌이는 신통치 않았네. 간신히 먹고살 정도였지. 나는 하고 싶은 것도 사고 싶은 것도 많았지만 돈이 없었네.

그동안 성실하게 일한 덕분에 주변 사람들은 나를 신뢰했네. 마음만 먹으면 외상으로 물건을 사거나 돈을 빌릴 수 있었어. 그때부터 사치를 부리기 시작했지. 그때는 젊고 경험이 부족했네. 버는 것보다 많이 쓰면 신이 벌을 내린다는 사실을 몰랐어. 나는 마음껏 멋진 옷을 사고 아내에게도 사치품을 사 주었네. 한동안은 빌린 돈을 잘 갚았고 문제가 없었지.

하지만 시간이 흐르자 상황이 나빠지기 시작했어. 내가 버는 돈으로는 빌린 돈을 갚을 수 없게 됐지. 빚쟁이들이 돈을 갚으라며 독촉하기 시작했네. 내 삶은 그렇게 망가지기 시작했어. 나는 급한 대로 친구에게 돈을 빌려서 돌려막았네. 하지만 친구들의 돈을 갚을 방법이 없었어. 상황은 점점 나빠졌네. 아내는 더는 나와 못 살겠다며 친정으로 돌아가 버렸지. 그러자 나는 바빌론을 떠나기로 마음먹었네. 다른 도시로 가서 새로운 기회를 찾아보기로 했지.

그 후 2년 동안 도시를 돌아다니며 장사하는 상단에서 쉬지 않고 열심히 일했어. 하지만 성공하지 못했지. 나는 좌절했네. 그러다가 사막을 활보하며 상단을 터는 도적단에 들어

갔어. 지금 생각하면 참으로 부끄러운 짓이지. 세상을 잘못 된 눈으로 바라보고 있었던 것이네. 돌을 얇게 잘라 만든 노란색 창으로 세상을 바라본 것처럼 말이야. 그때는 내가 얼마나 바닥으로 떨어졌는지 깨닫지 못했네.

첫 번째 도적질은 멋지게 성공했어. 황금, 비단, 값진 상품을 손에 넣었지. 약탈한 돈은 흥청망청 써버렸네.

두 번째 도적질은 운이 안 좋았네. 상단을 습격해서 물건을 터는 데 성공했지만 상단을 보호하기로 한 원주민들이 우리를 공격해 왔지. 도적단 두목급 두 명이 죽고 나머지는 모두 사로잡혔네. 우리는 다마스쿠스(Damascus)로 끌려가 발가벗겨진 채 노예로 팔리는 신세가 되었지.

나는 은화 두 냥에 시리아 사막 족장에게 팔렸네. 다른 노예들처럼 머리를 짧게 깎고 하체만 겨우 가린 옷을 입었지. 젊은 치기에 나는 이것도 모험이라고 생각했어.

어느 날 나는 족장의 부인들에게 불려갔네. 족장은 나를 내시로 만들어 노리개로 삼아도 좋다고 부인들에게 말했지. 그때 나는 내 처지를 깨달았네. 사막 사람들은 거칠고 호전적이어서 도망칠 생각은 꿈도 꾸지 못했지.

네 명의 부인이 나를 훑어볼 때 나는 두려움에 떨었어. 어떻게든 동정심을 얻어내는 방법을 궁리할 수밖에 없었지. 첫 번째 부인 시라(Sira)는 가장 나이가 많았네. 나를 보는 그녀의 얼굴에는 아무 표정이나 감정도 없었지. 나는 그녀에게 동정을 얻는 건 포기했네. 둘째 부인은 미인이었지만 나를 지렁이라도 보는 것처럼 경멸스러운 눈초리로 바라보았네. 나머지 부인들도 마찬가지였네. 나를 볼 때마다 광대라도 본 것처럼 킥킥대며 웃었지.

부인들의 결정을 기다리는 시간은 마치 영겁의 시간 같았네. 부인들은 서로 결정을 미뤘어. 내가 어떻게 되든 상관없다는 분위기였지. 마침내 첫째 부인이 차가운 목소리로 말했어.

"노예는 지금도 많아요. 하지만 낙타를 다루는 사람은 별로 없지요. 잘 다루는 사람은 더욱 없고요. 오늘만 해도 그래요. 어머니가 열병으로 쓰러져서 집으로 가고 싶은데 믿고 맡길 만한 노예는 없지요. 이 노예가 낙타를 잘 다룰 수 있는지 물어봐 주세요."

족장이 나에게 물었네.

"낙타에 대해 아는 걸 말해 봐라."

나는 내심 기뻤네. 하지만 내색하지 않고 대답했지.

"낙타가 무릎 꿇게 할 수 있고 짐도 잘 실을 줄 압니다. 또 낙타가 지치지 않게 잘 관리하면서 장거리 여행을 할 수 있습니다. 필요하다면 낙타의 장비도 고칠 수 있습니다."

"제법이군. 시라, 이 녀석에게 당신 낙타를 맡기면 괜찮을 것 같군."

그렇게 첫째 부인 시라의 노예가 되었지. 나는 낙타를 몰고 그녀의 어머니 집으로 장거리 여행을 시작했네. 기나긴 여행을 하면서 나는 기회를 보아 그녀에게 감사를 표하고 내 이야기를 했네. 원래 노예는 아니었고 자유인이었다고, 바빌론에서 말안장 만드는 일을 했었다고 말이야. 하지만 그녀가 던진 말에 나는 당황했네. 하지만 나는 그녀의 말을 곰곰이 생각하며 나를 돌아볼 수 있었지.

"너의 나약함 때문에 노예가 되지 않았나? 그런데 어떻게 자유인이라는 말이 입에서 나오나? 출생이 어떻든 노예의 영혼을 가지고 있으면 노예가 되는 법이다. 물이 늘 수평을 유지하는 것처럼 당연한 결과야. 마찬가지로 자유인의 영혼을 가진 사람은 어떤 난관이 있더라도 결국 명예롭고 존경받는 사람이 되는 법이다."

나는 1년 동안 노예로 살았네. 하지만 영혼까지 노예로 살 수는 없었지. 그러던 어느 날 시라가 내게 물었네.

"저녁때면 다른 노예들은 서로 어울리며 즐겁게 지내는데 너는 왜 혼자 천막에 있느냐?"

나는 이렇게 대답했지.

"마님이 제게 하신 말씀을 곰곰이 되새기고 있습니다. 제가 노예의 영혼을 가졌는지 생각했습니다. 저는 그들과 어울릴 수 없습니다. 저들과 어울리면 노예의 영혼을 가지게 될 테니까요. 그래서 혼자 있습니다."

시라가 속내를 털어놓았다.

"휴, 너도 나와 같은 신세로구나. 내가 결혼할 때 지참금을 많이 가져왔지. 족장은 돈을 보고 나와 결혼했어. 하지만 족장은 나를 사랑하지 않아. 모든 여자는 사랑을 바라는데 말이야. 나는 아직 아이가 없네. 앞으로도 아이를 낳을 수 없는 몸이고 말이야. 그래서 언제나 외롭지. 내가 남자라면 노예가 되느니 차라리 죽고 말겠어."

나는 시라에게 뜬금없는 질문을 했어.

"지금은 저를 어떻게 생각하세요? 제가 자유인의 영혼을 가졌나요? 아니면 노예의 영혼을 가졌나요?"

그녀가 답을 피하며 되물었지.

"네가 바빌론에서 진 빚을 갚을 생각이 있느냐?"

"네, 물론이죠. 하지만 방법이 없습니다."

"그저 세월이나 보내며 빚을 갚으려 하지 않는다면, 너는 아직도 노예의 영혼에서 벗어나지 못한 것이다. 빚을 갚지 않는 사람이 존경받을 수 있을까?"

"노예인 제가 뭘 할 수 있을까요?"

"얼빠진 놈, 시리아에서 평생 노예로 살 생각이냐?"

"저는 얼빠진 놈이 아닙니다."

"그럼 증명하거라."

"어떻게요?"

"바빌론의 왕을 봐라. 모든 수단과 방법을 동원하여 적과 싸우지 않느냐? 너의 적은 바로 빚이다. 그 빚 때문에 바빌론에서 도망쳤지 않느냐? 그냥 내버려 두면 빚은 눈덩이처럼 불어나는 법이다. 빚으로부터 도망치지 않고 용감하게 맞서 싸웠다면, 너는 빚을 정복하고 명예로운 사람이 되었을 것이다. 하지만 너는 빚과 싸울 용기가 없었다. 자존심을 버린 대가로 노예가 된 것이다."

그녀는 가혹하게 나를 비난했네. 나는 노예가 아니라고 변명하고 싶었지만 아무 말도 할 수 없었지. 그리고 사흘이 지났네. 시라의 하녀가 나를 찾아와 시라에게 데려갔지.

"어머니의 병이 더 심해졌다고 한다. 가장 빠르고 좋은 낙타 둘을 준비하거라. 물과 음식도 충분히 챙겨라. 하녀가 음식을 내줄 것이다."

나는 낙타를 준비하고 짐을 꾸렸어. 하녀가 준 음식도 잘 챙겼지. 그런데 음식의 양이 너무 많아서 의아하게 생각했네. 여기서부터 시라의 어머니 집은 하루 거리였거든. 나는 낙타를 끌고 길을 재촉했어. 날이 어둑해질 때쯤 시라의 어머니 집에 도착했지. 시라는 하녀를 내보내고 내게 물었네.

"다바시르, 너는 자유인의 영혼이냐? 노예의 영혼이냐?"

"자유인의 영혼입니다."

"그걸 증명할 기회가 왔다. 족장은 술에 취해 깊게 잠들었고, 부하들도 모두 인사불성이다. 이 낙타를 데리고 달아나거라. 이 가방에는 족장의 옷이 들어 있다. 족장의 옷을 입고 변장하면 수월하게 탈출할 수 있을 거야. 아픈 어머니를 돌보는 사이 네가 낙타를 훔쳐 달아났다고 말하겠다."

"마님은 여왕의 영혼을 가지셨습니다. 크나큰 은혜를 잊지 않겠습니다."

"어서 출발하거라. 바빌론까지 가는 길은 멀다. 사막에는 물과 음식이 부족하니 부디 조심해라. 네가 무사하기를 신께 기도하마."

나는 시라의 마음 씀씀이에 감사 인사를 올리고 밤길을 나섰어. 나는 시리아의 지리를 잘 몰랐어. 그저 바빌론이 어느 쪽인지 어렴풋이 짐작할 수 있었을 뿐이었지. 나는 그 방향으로 사막을 가로질러 갔어. 밤을 새워 이동했네. 주인의 재산을 훔쳐 달아난 노예에게 자비는 없기 때문이었지.

다음 날 오후 늦게 나는 사막처럼 황량한 땅에 도착했네. 사람이 살기 힘들 정도로 거친 땅이었지. 돌밭을 지나오느라 낙타의 발은 상처투성이였지만 낙타는 고통을 참아내며 계속 걸었지. 목숨을 건 도주였어. 매일매일 걷고 또 걸었네. 태양은 뜨겁게 내리쬐고 음식도 물도 다 떨어졌어. 아흐레째 저녁때 나는 낙타에서 떨어졌지. 다시 낙타를 탈 힘조차도 없었어. '이제 끝이구나.'라고 생각했어. 너무 힘들고 지쳐서 나도 모르게 잠이 들었지.

다음 날 아침 해가 뜰 때 겨우 정신을 차렸어. 나는 주변을 둘러보았어. 낙타들은 가까운 곳에 힘없이 누워 있었지. 주변은 바위와 모래와 가시덤불로 뒤덮인 땅이었어. 주변에 마실 것이나 먹을 것이라고는 없었네.

'이런 곳에서 최후를 맞이할 순 없어!' 이런 생각이 들었네. 그러자 정신이 번쩍 났지. 몸은 힘들었지만 정신은 맑아졌어. 입술이 부르터서 피가 나고 굶주림에 지쳤지만 어제처럼 고통스럽진 않았네. 나는 바빌론이 있는 방향을 바라보며 나에게 질문했네.

'나는 노예의 영혼일까? 자유인의 영혼일까?'

그때 나는 깨달았어. 내가 노예의 영혼에서 벗어나지 못한다면 여기서 죽는 게 낫다는 걸 말이야. 도망친 노예에 어울리는 죽음이지. 하지만 내가 자유인의 영혼이라면 나는 무엇을 어떻게 해야 하는 걸까? 답은 분명했어. 어떻게든 바빌론으로 돌아가서 나를 믿어준 사람들에게 빚을 갚아야 했어. 나를 사랑했던 아내를 행복하게 해주고, 부모님도 안심시켜 드려야 했지. 나를 도망치게 해준 시라의 말도 떠올랐어.

"너의 적은 바로 빚이다. 그 빚 때문에 바빌론에서 도망쳤지 않나? 그냥 내버려 두면 빚은 눈덩이처럼 불어나는 법이다."

시라의 말은 옳았네. '나는 왜 사람답게 사는 길을 포기했던 걸까? 왜 아내가 친정으로 가도록 했을까?' 이렇게 생각하자 이상한 일이 일어났네. 돌을 얇게 잘라 만든 노란색 창이 사라지고, 세상이 다른 색으로 보였지. 마침내 나는 삶의 진정한 가치를 깨달은 것이지. 세상을 보는 새로운 눈을 뜨자 내가 할 일이 보였어.

'이렇게 사막에서 헛되이 죽을 순 없어. 우선 바빌론으로 돌아가 돈을 빌린 사람들을 만나야겠다. 그들에게 내가 겪은 일을 얘기하고 용서를 구해야겠다. 그리고 열심히 일해서 매달 조금씩 빚을 갚아야겠다. 아내를 찾아 용서를 빌고, 부모님께 자랑스러운 아들이 되어야겠다. 나의 적은 바로 나의 빚이다. 내게 돈을 빌려준 사람들이 무슨 죄가 있나?'

나는 비틀거리며 일어섰어. 배고픔은 견딜 만했네. 목마름도 문제가 되지 않았어. 바빌론으로 가는 길에 겪은 사소한 일에 불과했지.

"나는 자유인이다! 내 안에는 자유인의 영혼이 있다."

이렇게 마음먹고 외치니 온몸에 전율이 느껴졌네. 나의 외침에 낙타들의 눈빛도 빛나기 시작했어. 낙타들도 안간힘을 쓰며 일어섰지. 나는 바빌론이 있는 북쪽으로 걸음을 내디뎠네. 그렇게 걷고 또 걷다가 마침내 물을 발견했네. 거기에는 풀이 자라고 과일도 풍성하게 열려 있었어. 그리고 바빌론으로 이어지는 길도 발견했지.

내가 자유인의 영혼을 가졌기 때문에 가능했던 것이네. 만약 포기했다면 지금의 나는 없었을 거야. 인생은 문제를 해결하는 과정이라네. 자유인은 인생을 과정으로 바라보고 문제를 해결하려고 노력하네. 하지만 노예는 "노예인 내가 뭘 할 수 있겠어?"라며 징징댄다네.

이야기를 마친 다바시르는 타르카드를 바라보며 물었다.

"타르카드, 자네는 어떤가? 오랫동안 굶주린 것 같은데, 오히려 머리가 맑아지지 않나? 자존심을 되찾을 준비는 되었나? 진정한 세상의 모습이 보이나? 빚이 아무리 많더라도 모두 갚고 어엿한 바빌론 시민으로 돌아오고 싶지 않나?"

타르카드의 눈에 눈물이 고였다.

"고맙습니다. 세상을 보는 눈을 뜨게 해주셨어요. 저도 노예가 아니라 자유인이 되겠습니다."

옆에서 이야기를 듣던 다른 손님이 말했다.

"궁금한 게 있군요. 바빌론으로 돌아와서 그 많은 빚을 어떻게 갚았나요?"

다바시르가 대답했다.

"뜻이 있는 곳에 길이 있는 법입니다. 나는 빚을 갚을 방법을 찾기 시작했지요. 먼저 빚을 진 사람을 하나씩 찾아가 용서를 구했어요. 열심히 일해서 매달 조금씩이라도 돈을 갚을 테니 저를 믿고 기다려 달라고 부탁했지요. 몇몇은 내게 욕을 퍼부었어요. 하지만 대부분은 알겠다며 도와주겠다고 했지요. 특히 한 사람은 저를 전폭적으로 도와주었어요. 그 사람은 바로 대금업자 마톤이었죠. 그는 내가 시리아에서 낙타를 관리했다는 이야기를 듣고, 낙타상인 네바투르에게 소개해주었어요. 마침 바빌론 왕이 낙타를 대량으로 사들이라고 네바투르에게 명했거든요. 나는 낙타를 관리한 경험을 살려 네바투르를 도왔어요. 덕분에 네바투르는 무사히 일을 마칠 수 있었죠. 그렇게 나는 빚을 조금씩 갚아나갔고, 어엿한 바빌론의 시민으로 돌아올 수 있었죠."

다바시르는 큰 소리로 식당 주인을 불렀다.

"주인장! 여기 음식이 식었네. 좀 데워오게. 그리고 갓 구운 고기를 좀 더 내와서 타르카드에게도 한 접시 내주게."

낙타상인 다바시르의 이야기는 끝이 났다. 색안경을 쓰고 세상을 바라보는 것에서 벗어났을 때 다바시르는 진정한 자유인이 되었다. 우리도 마찬가지다. 쓰고 있는 색안경을 벗었을 때 세상을 바로 볼 수 있다. 세상을 나에게 맞추려고 하지 말고, 나를 세상에 맞추려고 노력하자. 뜻이 있는 곳에 길이 있는 법이다.

뜻이 있는 곳에 길이 있다.

핑크팬더의 Money Talk

노예의 영혼을 버려라

노예는 다른 사람의 소유물이 된 사람을 뜻한다. 사람으로 취급받지 못하니 물건처럼 사고 팔리기도 한다. 자신의 의사나 행동을 주장하지 못하고 시키는 대로 할 수밖에 없는 사람이다.

이런 사람을 우리 주변에서 찾아볼 수는 없다. 현대에는 공식적인 노예가 없기 때문이다. 그러나 정신적 노예로 살아가는 사람은 많다. 자신의 의지와 상관없이 어쩔 수 없이 하루를 살아간다. 겉으로는 멀쩡해 보이지만 정신적으로 노예의 삶을 살아간다. 아니라고 자신 있게 말할 수 있는 사람은 많지 않다.

타르카드는 많은 빚을 지고 빚을 갚지 못해 노예가 되었다. 물론 지금은 빚을 갚지 못한다고 노예가 되진 않는다. 빚을 갚지 못하면 신용불량자가 될 뿐이다. 신용불량자의 삶은 노예의 삶과 다르지 않다.

빚은 우리 삶을 피폐하게 만들고 눈치를 보게 만든다. 사람들이 망하는 이유는 왜일까? 빚을 진 후에 갚지 못했기 때문이다. 불행한 일이 일어나더라도 빚만 없다면 절대로 망하지 않는다. 다시 후일을 기약할 수 있다.

우리가 살아가는 현대는 수많은 마케팅이 소비를 부추긴다. 신용카드는 빚이다. 월급을 받자마자 통장 잔고가 텅 비는 이유다. 단호히 끊지 못하면 노예의 삶이나 다름없다. 아무리 노력하고 저축해도 제자리인 이유가 바로 여기에 있다.

신용카드를 쓰는 데 죄책감을 가질 필요는 없다. 하지만 될 수 있는 한 신용카드는 가위로 잘라버리는 게 좋다. 체크카드로 통장 잔고 내에서 쓰는 버릇을 들여야 한다. 신용카드가 주는 혜택은 당신이 돈을 쓰게 만드는 유혹이자 미끼다.

빚의 악순환에서 벗어나고자 한다면 신용카드는 딱 하나만 남기고 전부 없애 버려라. 당신이 노예가 아니라는 걸 증명하라. 그 순간부터 당신은 자유인이다!

제9장

바빌론의 점토판

Clay Tablets from Babylon

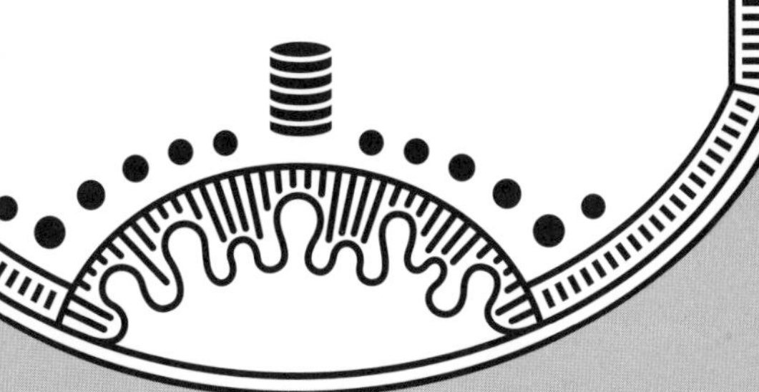

제9장

바빌론의 점토판

알프레드 H. 슈루즈베리(Alfred H. Shrewsbury)

고고학 교수로 빚에 허덕이고 있다

프랭클린 캘드웰(Franklin Caldwell)

고고학 교수로 바빌론 유적을 발굴 중이다

다바시르(Dabasir)

낙타상인으로 젊었을 때 노예가 된 적이 있다

마톤(Mathon)

대금업자로 다바시르가 빚에서 벗어날 수 있도록 돕는다

보내는 사람
노팅엄, 뉴어크 온 트렌트(Newark-on-Trent)
노팅엄 대학교(Nottingham University)
알프레드 H. 슈루즈베리(Alfred H. Shrewsbury)

받는 사람
메소포타미아, 힐라(Hillah, Mesopotamia.)
영국 과학 탐사대
프랭클린 캘드웰 교수님(Franklin Caldwell)

존경하는 교수님께

교수님께서 바빌론 유적지에서 발굴한 다섯 장의 점토판이 잘 도착했습니다. 함께 보낸 편지도 잘 받았습니다. 점토판에는 대단한 내용이 담겨 있더군요. 점토판에 빠져 시간 가는 줄 모르고 즐겁게 번역하고 있습니다. 교수님께 바로 답장을 보내려고 했으나, 번역을 완벽하게 끝내고 번역문과 함께 보내는 게 낫겠다 싶어 이제야 보냅니다.

꼼꼼하게 포장하여 보내셔서 점토판은 손상 없이 잘 도착했습니다. 점토판에 기록된 이야기를 읽어보시면 아마 깜짝 놀랄 겁니다. 아마 먼 옛날의 사랑 이야기나 모험 이야기를 기대할지도 모르겠습니다. 아라비안나이트 같은 것 말입니다.

하지만 그런 내용이 아니었습니다. 점토판에는 다바시르라는 사람이 빚을 갚아나가는 이야기가 새겨져 있었습니다. 점토판의 글을 읽고 5,000년 전이나 지금이나 사람이 살아가는 방식은 비슷하다는 것을 깨달았습니다.

교수님, 이상하게 들릴지 모르지만 이 점토판에 새겨진 글귀가 저를 꾸짖기도 합니다. 저도 명색이 대학교수인데 다방면에 지식과 교양이 있고 분별력도 있지 않겠습니까? 그런데도 이 오래된 점토판은 제게 많은 걸 깨닫게 해주었습니다. 어떻게 빚을 갚아나가는지, 어떻게 돈을 모으는지 등을 자세히 알려주더군요.

매우 흥미롭습니다. 바빌론의 점토판 내용이 오늘날에도 적용될까요? 제가 직접 시험해 보고 결과를 알려드리겠습니다. 교수님의 유적 발굴에 좋은 성과가 있기를 기원합니다. 건강하세요.

1934년 10월 21일

알프레드 H. 슈루즈베리 드림

첫 번째 점토판

나, 다바시르는 시리아의 노예로 살다가 탈출했다. 고생 끝에 고향 바빌론으로 돌아왔다. 이제 나는 고향 사람들에게 진 빚을 모두 갚고 부자가 될 것이다. 그리고 존경받는 사람이 될 것이다. 나는 이 원대한 목표를 반드시 이룰 것이다. 이를 위해 점토판에 새겨 기록을 남긴다.

내 친구인 대금업자 마톤이 지혜로운 조언을 했다. 그가 말한 계획을 실천하여 빚의 굴레를 벗어날 것이다. 반드시 자존감을 되찾고 존경받는 사람이 될 것이다. 그러기 위해 내 희망과 소망을 담아 3가지 계획을 세웠다.

첫째, 나는 풍요롭게 살겠다. 이를 위해 나는 수입의 10%를 저축할 것이다. 이에 대해 마톤은 이렇게 설명했다.

"쓰고 남은 돈을 충분히 저축하는 사람은 집안의 대들보이며 왕에게도 충성스러운 사람이네. 푼돈밖에 저축하지 못하는 사람은 자기 가족이나 왕에게 도움이 되지 않는 사람이네. 아예 저축하지 않는 사람은 가족을 돌보지 않고 왕실에도 불충한 사람이네. 따라서 성공하고 싶다면 꾸준히 저축해야 하네. 그런 사람만이 가족을 행복하게 하고 왕실에도 충성할 수 있는 법이네."

둘째, 친정에서 돌아온 아내에게 좋은 옷을 입히고 잘 보살피겠다. 이에 대해 마톤은 이렇게 조언했다. "아내를 잘 보살피면 남자의 자존심을 살려주네. 그러면 남자는 목표를 향해 결단력 있게 나아갈 수 있네."

따라서 나는 수입의 70%를 의식주와 잡다한 비용으로 쓰기로 했다. 아끼는 것도 좋지만 행복한 인생도 중요하기 때문이다. 다만 마톤의 조언에 따라 생활비는 수입의 70%를 넘기지 않기로 했다. 이 계획의 성공은 여기에 달렸다. 나는 이 원칙을 꼭 지킬 것이다.

두 번째 점토판

셋째, 내 수입으로 빚을 갚겠다. 이를 위해 수입의 20%를 따로 떼어두었다. 매월 보름달이 뜰 때마다 나를 믿고 돈을 빌려준 사람들에게 조금씩 갚기로 했다. 이렇게 하면 언젠가는 내 빚을 모두 갚을 수 있을 것이다. 여기에 내가 돈을 빌린 사람의 이름과 금액을 새긴다.

파루, 방직공, 은화 2냥, 동전 10냥

신자르, 침상 제작자, 은화 1냥

아마르, 친구, 은화 3냥, 동전 1냥

잔카르, 친구, 은화 4냥, 동전 7냥

아스카미르, 친구, 은화 1냥, 동전 3냥

하린시르, 보석공, 은화 6냥, 동전 2냥

디아르베케르, 아버지의 친구, 은화 4냥, 동전 1냥

알카하드, 집주인, 은화 14냥

마톤, 금 대금업자, 은화 9냥

비레지크, 농부, 은화 1냥, 동전 7냥

(여기서부터는 점토판 손상이 심해 해독할 수 없었습니다.)

세 번째 점토판

내가 진 빚은 모두 은화 199냥과 동전 141냥이다. 나는 이 돈을 갚을 길이 없었다. 아내가 친정으로 떠나자 나는 다른 도시에서 돈을 벌어보겠다며 고향을 떠났다. 하지만 온갖 고생을 하고 노예로 팔리는 수모를 겪었을 뿐이다. 빚을 어떻게 갚을 수 있는지 마톤에게 배우고서야 나는 깨달았다. 나의 사치와 낭비가 초래한 결과에서 도망치는 게 얼마나 어리석었는지 말이다. 나는 채권자들을 하나씩 찾아가서 용서를 구하고 사정을 설명했다.

"지금 돈은 없지만 일할 능력이 있습니다. 내가 버는 돈의 20%를 쪼개서 매달 조금씩 빚을 갚아나가겠습니다. 믿고 기다려 주시면 반드시 빚을 갚겠습니다."

채권자들이 나를 믿고 기다려 준다면 언젠가는 모든 빚을 갚을 수 있을 것이다. 하지만 내가 가장 친한 친구라고 생각했던 아마르는 나를 욕하고 비난했다. 농부 비레지크는 자기 사정도 너무 안 좋으니 먼저 돈을 갚아달라고 부탁했다. 집주인인 알카하드는 말도 안 된다며 펄쩍 뛰었다. 빨리 돈을 갚지 않으면 집에서 쫓아내겠다고 으름장을 놓았다.

다른 사람들은 내 부탁을 기꺼이 들어주었다. 나는 빚을 모두 갚고 새로운 삶을 살 수 있다는 자신감이 생겼다. 빚을 피해 도망치는 것보다 빚을 갚는 게 더 쉽다고 확신했다. 모든 채권자의 사정과 요구는 만족시킬 수는 없겠지만 최대한 공정하게 빚을 갚아나갈 것이다.

네 번째 점토판

보름달이 떴다. 나는 마음의 짐을 덜고 열심히 일했다. 아내는 빚을 갚겠다는 내 뜻을 이해하고 지지해주었다. 나는 열심히 일했다. 좋은 기회가 보이면 놓치지 않고 잡았다. 건강하고 튼튼한 낙타를 사서 낙타상인 네바투르에게 넘기고 은화 19냥을 벌었다. 나는 이 돈을 계획한 대로 나누었다. 10%는 따로 떼어 저축하였고 70%는 우리 가족의 생활비로 썼다. 나머지 20%는 채권자들에게 공정하게 나눠주었다.

친구 아마르를 만나러 갔으나 그를 만날 수 없어서 그의 아내에게 돈을 전했다. 농부 비레지크는 너무 기쁜 나머지 내 손에 입맞춤까지 했다. 집주인 알카하드는 투덜대면서 더 빨리 갚으라고 말했다. 나는 내 생활이 안정되면 더 빨리 갚을 수 있으니 조금만 더 기다려달라고 대답했다. 다른 사람들은 내 노력을 칭찬하며 고마워했다.

한 달 만에 나는 은화 4냥의 빚을 갚았고 은화 2냥을 저축했다. 내가 저축한 은화 2냥에 대해서는 아무도 뭐라 하지 않았다. 나를 짓누르던 무거운 마음이 한결 가벼워졌다.

다시 보름달이 떴다. 지난 한 달간 열심히 일했지만 성과는 시원찮았다. 좋은 낙타가 많지 않았기 때문이다. 나는 겨우 은화 11냥을 손에 쥐었다. 그렇지만 우리 부부는 원칙을 지켰다. 옷 한 벌 사지 않고 풀떼기만 먹었다. 수입의 70%로 살림을 꾸렸고 10%는 따로 떼어 저축했다.

이달에도 수입의 20%로 빚을 갚아나갔다. 빚을 갚으러 갔을 때 내 친구 아마르는 조금씩이라도 빚을 갚는 나를 칭찬해주었다. 농부 비레지크도 마찬가지였다. 집주인 알카하드는 돈이 적다며 버럭 화를 냈다. 돈이 적어서 불만이면 돌려달라고 말하자 이내 그는 누그러졌다. 다른 사람들은 예전처럼 만족하며 고마워했다.

또다시 보름달이 환하게 떴다. 나는 너무 기뻤다. 좋은 낙타를 많이 살 수 있었기 때문이다. 무려 42냥의 은화를 벌었다. 우리 부부는 멋진 옷과 신발을 사고, 고기를 마련하여 배불리 먹었다. 채권자들에게 은화 8냥을 갚았다. 이번에는 집주인 알카하드도 별말을 하지 않았다. 이 계획은 우리가 빚에서 벗어날 최선의 방법이다. 또한 재산을 축적할 방법이기도 하다.

보름달이 세 번 뜨고 졌다. 매달 내가 번 돈의 10%를 따로 떼어 저축했다. 때때로 힘들 때도 있었지만 수입의 70%로 생활을 꾸렸다. 수입의 20%는 꼬박꼬박 빚을 갚았다. 나는 지금까지 은화 21냥을 모았다. 이제 어깨를 펴고 고개를 꼿꼿이 들고 다닐 수 있게 되었다. 친구들도 떳떳하게 만날 수 있었다. 아내는 알뜰하게 살림을 꾸리고 옷도 잘 입고 다닌다. 우리는 행복하게 잘 지내고 있다. 이 계획은 대단한 가치가 있다. 노예였던 나를 명예로운 사람으로 만들어 주었기 때문이다.

다섯 번째 점토판

또다시 휘황찬란한 보름달이 떴다. 이 점토판에 글을 새긴 지도 꽤 오래되었다. 벌써 1년이 지났다. 나는 오늘을 잊지 않을 것이다. 모든 빚을 청산한 날이기 때문이다. 오늘 아내와 멋진 만찬을 즐기며 우리의 성취를 자축했다.

오늘 낮에 마지막으로 채권자를 찾아갔을 때 오랫동안 기억할 만한 일이 많았다. 친구 아마르는 그동안 가시 돋친 말로 상처를 줘서 미안하다며 가장 아끼는 친구 중 하나가 바로 나라고 말했다. 집주인 알카하드도 그렇게 나쁜 사람은 아니었다. 그는 이렇게 말했다. "자네는 손으로 살짝 누르면 쉽게 모양이 변하는 진흙덩어리였지. 하지만 이제 단단한 청동이 되었네. 정말 장하네. 앞으로 돈이 필요하면 나를 찾아오게. 자네라면 믿고 빌려주겠네."

나를 높게 평가하고 신뢰하는 사람이 많아졌다. 아내도 초롱초롱한 눈빛으로 나를 바라본다. 이렇게 믿어주니 더욱 자신감을 가지게 되었다. 나를 성공으로 이끌어준 것은 바로 3가지 목표를 담은 계획이다. 계획을 실천하면서 모든 빚을 갚고 재산도 모을 수 있었다.

경제적 성공을 이루고 싶은 사람에게 이 방법을 추천한다. 빚을 잔뜩 지고 도망쳐서 노예로 살았던 사람을 자유인으로 만들어 준 방법이다. 경제적인 독립을 꿈꾸는 사람에게 도움이 될 것이다. 나는 여기에서 멈추지 않을 것이다. 앞으로도 이 방법대로 살아갈 것이다. 이 계획을 계속 실천하면 부자가 될 수 있다고 확신하기 때문이다.

보내는 사람
노팅엄, 뉴어크 온 트렌트(Newark-on-Trent)
노팅엄 대학교(Nottingham University)
알프레드 H. 슈루즈베리(Alfred H. Shrewsbury)

받는 사람
메소포타미아, 힐라(Hillah, Mesopotamia.)
영국 과학 탐사대
프랭클린 캘드웰 교수님(Franklin Caldwell)

존경하는 교수님께

바빌론의 유적을 발굴하는 과정에서 낙타상인 다바시르의 유령을 만나면 고맙다고 전해주세요. 점토판에 새긴 글 덕분에 영국의 대학교수 부부가 경제적 자유를 얻는 방법을 깨닫고 계획을 실천하고 있다고요.

2년 전 제가 보낸 편지를 기억하시는지요? 우리 부부는 다바시르의 계획을 실천하여 빚을 갚고 돈을 저축하겠다고 말씀드렸었죠. 동료들에게는 비밀로 했지만 사실 심각한 곤경에 처해 있었습니다. 엄청난 빚 때문에 수모를 겪기도 했지요. 소문이 나서 대학에서 쫓겨날까 봐 걱정도 했습니다.

돈이 생기는 대로 빚을 갚고 또 갚았지만 상황은 나아지지 않았지요. 그런 상황에서도 우리는 허세를 부리며 신용으로 비싼 물건을 사기도 했습니다.

상황은 좋아지지 않고 빚의 악순환에 빠졌습니다. 아무리 발버둥 쳐도 절망적인 상황으로 치닫고 있었죠. 집주인에게도 빚을 지고 있어서 저렴한 집으로 옮길 수도 없었습니다. 상황을 타개할 방법이 보이지 않았습니다.

그때 바빌론의 점토판을 보게 되었고, 낙타상인 다바시르가 우리에게 필요한 계획을 알려주었죠. 우리 부부는 그 계획을 따르기로 했습니다. 먼저 우리가 진 빚의 목록을 만들었어요. 그리고 채권자들을 하나씩 만나 목록을 보여주었어요. 채권자들에게 지금까지의 방식으로는 빚을 갚을 수 없다고 설명했지요. 채권자들도 목록에 적힌 숫자를 보고 인정할 수밖에 없었죠.

저는 어떻게 빚을 갚을 수 있는지 설명했어요. 매달 제 소득에서 20%를 따로 떼어 채권자들에게 공정하게 나눠주겠다고 말했지요. 3년 안에 모든 빚을 갚을 수 있다고 설득했어요. 앞으로는 현금으로 거래하겠다는 조건도 덧붙였지요.

대부분의 상인은 제 계획에 동의했습니다. 청과물 가게 주인은 우리를 도와 다른 상인을 설득했어요. "물건을 살 때마다 바로 현금으로 지급하고, 빚도 조금씩 갚는 게 더 낫지 않나요? 지금까지 방법으로는 한 푼도 받지 못하니까요."

마침내 우리는 채권자들과 협약을 체결했어요. 우리가 수입의 20%를 따로 떼어 빚을 조금씩 갚는 동안 우리를 괴롭히지 않기로요. 그다음에 우리는 수입의 70%로 어떻게 생활을 꾸릴지 계획을 세웠어요. 또 수입의 10%는 반드시 저축하겠다고 결심했죠.

앞으로 돈이 모이고 쌓이는 것을 생각할 때마다 짜릿한 느낌이 들었어요. 미래를 바꾸기 위해 떠나는 모험과 같았죠. 우리는 앞으로의 계획을 세우느라 분주했어요. 먼저 저렴한 곳으로 이사하여 매달 나가는 돈을 줄였지요. 다음으로 우리가 즐겨 마시던 비싼 차를 바꿨어요. 가격이 저렴하고 더 좋은 제품을 찾았지요.

편지로 모든 이야기를 할 수는 없지만 이 계획은 충분히 실천 가능했어요. 우리는 이 계획을 잘 실천하고 결국 해냈습니다. 더는 빚 독촉에 시달리지 않게 되었어요.

특히 저는 따로 떼어 저축하기로 한 10%에 대해 꼭 말씀드리고 싶습니다. 처음에는 티도 안 나는 적은 돈이었어요. 하지만 돈이 쌓이기 시작하니 뿌듯합니다. 너무 성급한 게 아니냐며 웃지 마세요. 돈을 모으는 게 너무 재미있습니다. 쓰는 것보다 모으는 것이 더 재미있더라고요.

그렇게 어느 정도 돈을 모았을 때 꽤 괜찮은 투자처를 발견했습니다. 거기에 매달 수입의 10%를 투자하기로 했습니다. 이 투자는 꽤 만족스러운 결과를 안겨주었어요. 투자한 돈이 꾸준히 불어나는 모습을 모는 건 정말 기쁜 일입니다. 돈이 돈을 벌어주기 시작했어요. 교수직에서 은퇴할 때쯤이면 큰돈이 되어 있을 겁니다. 투자에서 발생하는 소득으로 충분히 노후를 즐길 수 있으리라 생각합니다.

수입은 예전과 같은데 결과는 큰 차이가 나기 시작했습니다. 믿기 어렵겠지만 분명한 사실입니다. 빚은 서서히 줄어들고 있고 동시에 투자는 늘어나고 있지요. 우리는 예전보다 재정적으로 훨씬 윤택해졌어요. 계획을 세우는 것과 그렇지 않은 것이 이렇게 큰 차이를 만들어낼 줄 누가 알았겠어요?

내년 말에는 빚을 모두 청산할 수 있습니다. 그때는 투자를 더 늘리고 여행도 즐길 예정입니다. 당연히 소득의 70% 이상을 생활비로 쓰는 삶으로는 다시 돌아가지 않을 겁니다. 제가 왜 낙타상인 다바시르에게 감사하고 싶은지 이해하시겠지요. 그는 저를 지옥에서 구해주었습니다.

다바시르는 모든 걸 알고 있었어요. 후세 사람들이 자신의 쓰라린 경험에서 교훈을 얻기를 바랐던 것이죠. 빚 때문에 고통받는 사람들에게 메시지를 전하고 싶었을 겁니다. 다바시르가 남긴 메시지는 5,000년이 지난 지금도 변하지 않는 진리입니다.

1936년 11월 7일

알프레드 H. 슈루즈베리 드림

낙타상인 다바시르가 점토판에 새긴 계획은 5,000년이 지난 지금도 여전히 유효하다.

핑크팬더의 Money Talk

5,000년이 지나도 변하지 않는 진리

낙타상인 다바시르의 계획을 다시 한번 되새겨 보자.

첫째, 수입의 10%를 저축한다.

둘째, 수입의 20%는 빚을 갚는다.

셋째, 수입의 70%로 생활한다.

이토록 단순한 법칙을 실천했을 뿐인데도 삶이 달라진 사람의 이야기가 책에 많이 나온다. 이번 장의 알프레드 H. 슈루즈베리 교수도 마찬가지다. 단지 매달 10%를 저축했을 뿐인데 인생이 변했다고 고백한다. 돈을 쓰는 것보다 모으는 재미가 더 커졌다고 한다.

하지만 실천은 생각보다 쉽지 않다. 누구나 쉽게 도전할 수 있지만 끝까지 해내는 사람은 드물다. 세상 모든 일이 그

렵다. 중요한 일일수록 듣기에는 참 쉬운데 해내는 것은 어렵다. 대부분 콧방귀를 뀐다. 반신반의하며 실천하지 않는다.

《바빌론 부자들의 돈 버는 지혜》 책이 미국에서 출간된 지 100년 가까이 되었다. 이 정도 시간이면 책 내용은 충분히 검증되었다. 이 책이 시대를 초월하여 사람들에게 선택되고 읽히는 이유다. 누군가는 이 책을 읽고 실천하고 누군가는 읽기만 하고 끝낸다. 그 차이는 슈루즈베리 교수처럼 몇 년이 지난 후에 알게 된다.

정말로 수입의 10%를 저축하는 게 그토록 어려운 것일까? 수입의 10%를 저축한다고 달라질 수 있을까? 수입의 10%를 저축해서 언제 돈이 쌓일까? 이런 의심은 충분히 이해할 만하다. 수입의 10% 정도는 가볍게 저축할 수 있다고 자신하지 않는가? 그게 뭐 어렵다고? 이렇게 생각한다면 해보라. 쉽게 할 수 있는데 무엇 때문에 안 하는가?

눈 딱 감고 3년 만이라도 해 보라. 그 후에 계속할지 그만둘지 판단하고 결정해도 된다. 슈루즈베리 교수의 고백처럼 낙타상인 다바시르의 메시지는 5,000년이 지나도 변하지 않는 진리다.

제10장

바빌론에서 가장 운 좋은 사나이

The Luckiest Man in Babylon

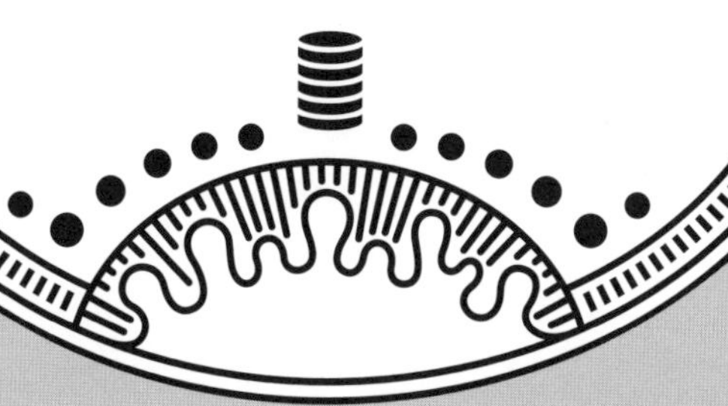

제10장

바빌론에서 가장 운 좋은 사나이

샤루 나다(Sharru Nada)
상단 주인으로 아라드 굴라에게 큰 은혜를 입었다

하단 굴라(Hadan Gula)
게으른 청년으로 아라드 굴라의 손자

아라드 굴라(Arad Gula)
하단 굴라의 할아버지

샤루 나다(Sharru Nada)는 품종이 좋은 아라비아산 종마를 타고 상단을 이끌고 있었다. 그는 고급 옷감으로 지은 옷을 입는 걸 좋아했다. 당당하고 화려한 겉모습만 보면 그의 나이를 짐작하지 못할 것이다. 하물며 그가 속으로 걱정거리를 안고 있다는 것을 눈치챌 사람은 없었다.

다마스쿠스에서 시작한 여행은 머나먼 길이었다. 모래바람이 몰아치고 숱한 난관이 도사리고 있는 사막을 지나야 했다. 아랍 부족들은 호전적이고 사나워서 상단을 약탈하는 일이 잦았다. 하지만 그는 도적떼가 두렵지 않았다. 용맹한 상단 호위대가 지켜주기 때문이다.

샤루 나다의 곁에는 다마스쿠스에서 데려온 한 젊은이가 있었다. 샤루 나다는 이 젊은이 때문에 마음이 심란했다. 젊은이 이름은 하단 굴라(Hadan Gula)다. 오래전 동업자였던 아라드 굴라(Arad Gula)의 손자였다. 샤루 나다는 동업자였던 아라드 굴라에게 큰 은혜를 입어서 마음의 빚을 지고 있었다. 샤루 나다는 이 젊은이를 위해 뭔가 해주고 싶었다. 하지만 생각하면 할수록 골치가 아팠다. 샤루 나다는 반지와 귀걸이로 잔뜩 치장한 젊은이를 바라보며 속으로 생각했다.

'사내 녀석이 무슨 반지랑 목걸이를 주렁주렁 매달고 있나? 얼굴은 할아버지를 쏙 빼닮았는데 말이야. 아라드 굴라는 이렇지 않았어. 하지만 내가 이 녀석을 데려왔으니 난감하네. 이 녀석의 아버지는 할아버지가 남겨준 재산을 날려먹었는데 그걸 보고 아무것도 깨닫지 못한 걸까?'

이런 생각에 잠겨 있는데 하단 굴라가 갑자기 물었다.

"어르신, 이렇게 열심히 일하는 이유가 뭔가요? 이렇게 돌아다니기만 하면 언제 인생을 즐겨요?"

샤루 나다는 미소를 지으며 대답했다.

"즐긴다고? 네가 나라면 뭘 하면서 인생을 즐기겠느냐?"

"어르신처럼 부자라면 저는 왕자처럼 살고 싶어요. 뭐하러 뜨거운 햇살이 내리쬐는 사막을 돌아다녀요. 돈이 들어오는 대로 쓰면서 살아야죠. 세상에서 제일 멋진 옷을 입고 진귀한 보석으로 치장하면서 말이죠. 이게 가치 있는 인생이지요."

샤루 나다가 자신도 모르게 한마디 내뱉었다.

"네 할아버지는 장신구 따위로 치장하지 않았단다."

그리고 다시 농담으로 돌아갔다.

"그렇게 놀다 보면 일할 시간이 없지 않겠니?"

하단 굴라가 대답했다.

"일은 노예들이 하는 거죠."

샤루 나다는 뭐라고 한마디 하고 싶었지만 꾹 참았다. 상단이 언덕을 넘어갈 때까지 아무 말도 하지 않았다. 샤루 나다는 고삐를 당겨서 말을 멈추고 저 멀리 보이는 푸른 계곡을 가리키며 말했다.

“저기 계곡을 봐라. 저 멀리 바빌론의 성벽이 어렴풋이 보이지 않니? 저기 벨 사원도 보이지? 네 눈이 좋으면 사원 꼭대기에 있는 영원의 불꽃도 보일 게다.”

“저기가 바빌론인가요? 바빌론이 세상에서 가장 부유한 도시라면서요? 저도 꼭 보고 싶어요. 할아버지가 큰 부를 이룬 곳이라고 들었거든요. 할아버지가 아직 살아계셨다면 이렇게 궁핍하진 않았을 거예요.”

“이미 천수를 다하신 할아버지의 혼령이 여기에 머물기 바라는 이유가 있니? 너와 네 아버지도 할아버지처럼 충분히 잘할 수 있어.”

“칫, 아버지나 저나 그런 재능을 타고나지 못했어요. 할아버지처럼 돈 버는 비결을 모른다고요.”

샤루 나다는 아무 대답도 하지 않고 말 고삐를 잡아당기며 비탈길을 내려갔다. 상단 행렬이 붉은 먼지를 일으키며 뒤를 따랐다. 얼마 후 상단은 바빌론으로 연결된 대로에 들어섰다. 그리고 관개수로가 잘 정비된 농장을 따라 남쪽으로 방향을 돌렸다. 샤루 나다의 눈에 밭을 가는 세 명의 농부가 들어왔다. 왠지 낯이 익었다. 이럴 수가! 40년 전에 본 사람들을 또 보다니! 그것도 같은 장소에서 같은 모습으로! 분명히 40년 전에 본 그 사람들이었다. 한 사람은 힘없이 쟁기를 잡고 있고 다른 두 사람은 황소를 끌며 밭을 갈고 있었다.

40년 전 이들이 얼마나 부러웠던가! 그때는 저들처럼 농사나 짓고 살면 바랄 게 없다고 생각했었다. 하지만 지금은 상황이 달라졌다. 그는 고개를 돌려 상단을 돌아보았다. 다마스쿠스에서 가져온 값진 물건을 실은 낙타와 당나귀들이 보였다. 이게 다가 아니다. 그가 가진 재산의 일부일 뿐이었다.

그는 세 농부를 가리키며 하단 굴라에게 말했다.

"저들은 40년 전에 본 농부들이란다. 아직도 그 자리에서 밭을 갈고 있구나."

"저들이 정말 그때 그 농부들인가요?"

"분명히 그때 그 농부들이 맞다."

옛 기억이 주마등처럼 스치고 지나갔다. 그의 머릿속에 아라드 굴라의 미소 띤 얼굴이 선명하게 떠올랐다. 그러자 냉소적인 젊은이와 조금 가까워진 느낌이 들었다.

하지만 저렇게 장신구로 치장하고 다니는 사치스러운 녀석을 어떻게 돕는단 말인가? 의욕이 있는 사람에게는 얼마든지 적당한 일을 맡길 수 있다. 하지만 자신을 무슨 왕족쯤으로 생각하는 녀석에게 맡길 만한 일은 없었다. 그렇더라도 녀석의 할아버지에게 받은 은혜를 갚고 싶었다. 녀석에게 무언가를 해주고 싶었다. 적당히 도와주다 그만둘 생각은 없었다. 적어도 그와 아라드 굴라는 이런 식으로 살아오지 않았다.

그때 문득 좋은 생각이 떠올랐다. 그의 과거 이야기를 통해 이 녀석에게 교훈을 줄 생각이었다. 하지만 잠시 멈칫했다. 자신의 지위와 가족의 입장도 고려해야 했기 때문이다. 어쩌면 가족의 마음에 상처를 줄지도 몰랐다. 하지만 그는 결단이 빠른 사람이었다. 망설임을 떨쳐버리고 곧바로 행동으로 옮겼다.

"할아버지와 내가 어떻게 동업자가 됐는지 알고 싶지 않니?"

"어르신이 어떻게 돈을 벌었는지 얘기해 주세요. 제가 알고 싶은 건 그것뿐이에요."

샤루 나다는 대답을 무시하고 이야기를 이었다.

"저 농부들 이야기부터 시작해야겠다. 내가 네 나이 정도였을 거야. 우리는 쇠사슬에 묶여 농부들 곁을 지나가고 있었지. 그때 내 옆의 메기도(Megiddo) 영감이 말했어. '저기 게으른 농부들을 봐! 쟁기를 잡은 사람은 땅을 깊게 갈 생각이 없군. 몰이꾼도 대충대충 황소를 몰고 말이야. 이러니 농작물이 잘 자랄 리가 없지!' 이렇게 농부들을 비웃었지."

하단 굴라가 깜짝 놀라며 물었다.

"어르신이 쇠사슬로 묶여 있었다고요?"

"맞아. 우리 목에는 청동으로 만든 쇠가 채워져 있었고, 쇠사슬로 서로 연결되어 있었지. 메기도 옆에는 양 도둑 자바도(Zabado)가 있었어. 나는 그를 하룬(Harroun)에서 알게 되었어. 맨 끝에는 이름을 알려주지 않아 해적(Pirate)이라고 부르는 사람이 있었지. 우리는 그가 해적이라고 생각했어. 선원에게서 흔히 볼 수 있는 뱀 문신이 가슴에 새겨져 있었지. 우리 네 명은 그렇게 묶여 있었어."

하단이 믿을 수 없다는 듯이 물었다.

"그렇게 노예처럼 묶여서 살았다고요?"

"할아버지가 아무 말씀도 하지 않으셨니?"

"할아버지가 어르신 이야기를 자주 했지만 그런 말씀은 없으셨어요."

샤루 나다는 하단 굴라의 눈을 똑바로 바라보며 말했다.

"나와 할아버지는 서로 믿고 비밀을 털어놓을 수 있는 관계였어. 자네도 비밀을 지켜줄 것으로 믿네. 그렇지?"

"반드시 비밀을 지키겠습니다. 정말 놀랐어요. 그런데 어떻게 노예가 되신 건가요?"

샤루 나다는 어깨를 으쓱했다.

"운명은 아무도 모르는 일이야. 누구나 노예가 될 수 있는 법이란다. 내가 노예가 된 건 도박과 술 때문이었어. 나는 내 형의 경솔한 행동 때문에 그런 재앙을 겪었지. 어느 날 형이 술을 마시고 도박을 하면서 친구와 말다툼을 하다가 친구를 죽였단다. 아버지는 형이 재판을 받지 않게 하려고 했어. 그래서 나를 살해된 친구의 부인에게 담보로 맡겼지. 아버지는 돈을 마련해서 나를 찾아올 생각이었어. 그런데 아버지가 돈을 구하지 못하자 그 여자는 나를 노예 상인에게 팔아버렸지."

"저런! 그건 너무 부당한 일이에요. 그런데 어떻게 다시 자유인이 되었는지 궁금해요."

"먼저 하던 이야기를 마치고 그 이야기도 해주마."

우리가 노예의 모습으로 지나가자 농부들은 우리를 놀렸어. 한 명이 누더기 모자를 벗고 고개를 숙이면서 소리쳤지.

"왕의 귀빈들이여! 바빌론에 오신 것을 환영합니다. 왕이 성벽에서 잔치를 열고 당신들을 기다립니다. 진흙 벽돌과 양파 수프 파티를 즐기세요!"

농부들은 배꼽을 잡으며 웃어댔어. 해적이 버럭 화를 내며 농부들에게 욕을 퍼부었지. 나는 해적에게 물었어.

"왕이 성벽에서 우리를 기다린다뇨? 그게 무슨 뜻이죠?"

"성벽에서 등골이 휘도록 벽돌을 나른다는 뜻이지. 자네

허리가 휘기 전에 맞아 죽을지도 몰라. 하지만 나를 건드리지는 못할 거야. 내가 먼저 죽여버릴 테니까."

그때 메기도가 언성을 높여 말했어.

"열심히 일하는 노예를 때려죽인다고? 말도 안 돼. 착하고 열심히 일하는 노예는 주인이 잘 대해 준다고!"

그러자 양 도둑 자바도가 말했지.

"세상에 열심히 하고 싶은 사람이 누가 있나? 저기 농부들을 봐. 얼마나 똑똑해. 대충대충 일하는 척하잖아."

메기도가 맞받아쳤어.

"자네가 하루에 가로, 세로 100m 크기의 밭을 갈면 열심히 일한 거야. 주인도 그걸 알아준다고. 하지만 절반만 밭을 갈면 게으름을 피운 거지. 나는 게으름 피우면서 일을 회피하지 않아. 나는 일하는 걸 좋아하거든. 일은 내가 아는 가장 좋은 친구야. 일은 나에게 농장, 소, 곡식을 안겨 주었지."

자바도가 코웃음 치며 말했어.

"그래서 그것들은 지금 어디에 있나? 열심히 일할 필요 없어. 적당히 요령껏 일하는 게 최고라고! 성벽에 끌려가 벽돌을 쌓게 되면 내가 보여주지. 어떻게 요령 피우면서 일하는지 말이야. 자네는 허리가 휘도록 벽돌이나 나르라고."

그날 밤 다른 사람들은 모두 잠이 들었지만 나는 무서워서 잠을 이루지 못했어. 마침 근처에서 불침번을 서고 있던 고도소(Godoso)라는 자와 눈이 마주쳤네. 그는 아랍인으로 성격이 거친 사람이었어. 만약 그가 누군가의 지갑을 훔친다면 그 사람을 죽여버릴 정도였지. 나는 그가 두려웠지만 앞으로 어떻게 되는지 궁금해서 물었어.

"말해주세요. 바빌론에 도착하면 저는 성벽 쌓는 곳으로 팔려가나요?"

고도소가 되물었다.

"그게 왜 궁금하지?"

나는 간곡하게 말했어.

"저는 젊어요. 죽고 싶지 않다고요. 성벽을 쌓다가 채찍에 맞아 죽고 싶지 않아요. 좋은 주인을 만날 방법이 없을까요?"

"자네는 좋은 사람으로 보이니 내가 하나 알려주지. 바빌론에 도착하면 자네들은 노예 시장으로 갈 거야. 내 말 잘 들어! 노예를 사려는 사람이 오면 자네가 얼마나 성실한 일꾼인지 보여 줘야 해. 그러니 주인을 위해 열심히 일하는 걸 좋아한다고 말해야 해. 그들이 자네를 사게 만들어야 하니까 말이야. 그렇지 않으면 자네는 다음 날부터 벽돌을 날라야 할 거야. 아마 죽고 싶다는 생각이 들 걸."

이렇게 말하고 고도소는 자기 자리로 돌아갔어. 나는 따뜻한 기운이 남아 있는 모래에 누워 별을 바라보며 생각했지. '메기도는 일이 가장 좋은 친구라고 했는데 나도 일을 좋은 친구로 만들 수 있을까?' 곰곰이 생각한 끝에 결심했네. 성벽을 쌓는 일에서 벗어날 수만 있다면 뭐든 죽도록 열심히 하겠다고 마음먹었어. 이게 나의 유일한 희망이었지.

늦은 오후 우리는 바빌론 성벽 앞에 도착했네. 개미떼처럼 많은 사람이 가파른 언덕을 오르며 일하는 모습이 보였어. 어떤 사람은 성벽 주위로 도랑을 파고 있었고, 어떤 사람은 진흙으로 벽돌을 만들고 있었지. 대부분은 커다란 바구니에 벽돌을 담아 나르고 있었어.

고대 바빌론의 유명한 작품들, 성벽, 사원, 공중정원, 운하는 노예의 노동력으로 만들었어. 노예 대부분은 전쟁 포로였지. 그러니 얼마나 비인간적인 대우를 받았겠어. 노예 중에는 바빌론 시민도 많았어. 범죄를 저지르거나 빚을 져서 팔려온 사람들이었지. 바빌론 사람들은 돈을 빌릴 때 자신, 아내 또는 아이들을 담보로 잡히는 경우가 많았거든. 약속을 이행하지 않으면 담보로 잡힌 사람은 노예로 팔리고 말지.

성벽 노예 감독관은 대열에서 뒤처지는 사람에게 욕을 퍼부으며 채찍을 휘둘렀어. 무거운 바구니를 견디지 못하고 쓰러지는 사람도 많았지. 채찍을 휘둘러도 일어나지 못하는 사람은 길옆으로 치워놓았어. 그렇게 고통 속에 신음하며 죽어 간 사람이 많았지. 나는 그 광경을 보고 몸서리를 쳤어. 이게 바로 내 운명이었어. 노예 시장에서 팔리지 않는다면 말이야.

고도소에게 들은 그대로였어. 우리는 성안에 들어와 노예 수용소에 갇혔고 다음 날 아침 노예 시장으로 끌려갔어. 모두 겁에 질려 꼼짝도 할 수 없었지. 하지만 노예 상인이 채찍질을 하자 몸을 움직일 수밖에 없었어. 노예를 사러 모인 사람들은 우리를 이리저리 살펴보고 이것저것 물어보았네. 메기도와 나는 정성껏 대답했지. 여기서 팔리지 않으면 성벽으로 끌려가서 죽도록 고생해야 하니까 말이야.

해적은 순순히 말을 듣지 않고 저항했어. 그러자 노예 상인은 근위대 병사를 데려와 해적에게 족쇄를 채웠어. 해적이 계속 저항하자 가혹하게 두들겨 패서 끌고 가버렸지. 끌려가는 해적이 안쓰러웠네. 메기도는 우리가 곧 헤어질 것 같다고 느낀 것 같았어. 그는 일이 얼마나 소중한 것인지 내게 조언해주었지.

"어떤 사람들은 일을 싫어하네. 일을 원수처럼 생각하지. 하지만 일을 친구처럼 대하고 좋아하려고 노력하는 게 좋을 거야. 일이 힘들어도 개의치 말게. 자네가 최고의 집을 짓는다고 생각해 보라고. 그러면 대들보가 무거워도 나를 수 있지 않나? 석회를 반죽하려고 멀리까지 가서라도 물을 길어 와야 하지 않겠나? 자네, 나와 약속하게. 주인을 만나면 최선을 다해 열심히 일하게. 주인이 자네를 인정하지 않더라도 개의치 말아야 해. 무슨 일이든 최선을 다하면 자네에게 도움이 될 거야. 누군가는 그것을 알아준다네. 언젠가 반드시 보답받는 법이야."

메기도가 말을 멈췄어. 건장하게 생긴 농부가 다가와서 우리를 유심히 살펴보았거든. 메기도는 농부에게 어떤 농작물을 키우는지 묻고 그 농작물에 대해 설명했지. 농부는 메기도가 몸값 이상을 한다고 판단한 것 같았어. 농부는 노예 상인과 흥정을 하고 지갑을 꺼내 값을 치렀네. 그렇게 메기도는 농부를 따라 사라졌지.

오전 동안 몇몇 사람이 더 팔렸어. 점심때쯤 고도소가 내게 오더니 귀띔했네. 노예 상인이 장사가 신통치 않아 지겨워한다고 알려줬어. 해가 지면 남은 사람들을 왕의 노예로 넘겨버린다고 하더군. 절망적인 상황이었어.

그때 선량해 보이는 뚱뚱한 사람이 와서 빵 구울 줄 아는 사람이 있냐고 물었지. 나는 이게 마지막 기회라는 걸 알았네. 나는 그에게 다가가서 말했어.

"주인님처럼 유능한 제빵사에게 실력도 없는 제빵사가

왜 필요합니까? 저처럼 의욕 넘치는 젊은이에게 기술을 가르치는 편이 더 좋지 않을까요? 저를 보세요. 저는 젊고 건강하고 일하는 것을 좋아합니다. 제게 기회를 주신다면 주인님을 위해 성실히 일하겠습니다."

그는 내 열정과 의지에 감명을 받았는지 노예 상인과 흥정을 시작했네. 내게 아무 관심도 없었던 노예 상인은 갑자기 내 능력, 건강, 성격을 칭찬하기 시작했지. 나는 도살장에 팔려가는 살찐 황소가 된 기분이었어. 마침내 거래는 성사되었어. 나는 주인을 따라갔네. 바빌론에서 가장 운 좋은 사람이라고 생각하면서 말이야.

새로운 집은 무척 마음에 들었네. 주인인 나나 나이드(Nana-naid)는 마당의 절구에 보리를 빻는 법, 화덕에 불을 지피는 법, 꿀빵을 만들 때 쓰는 참깨가루를 빻는 법을 가르쳤어. 나는 곡식을 보관하는 창고의 작은 침상에서 잠을 잤지. 가정부로 일하는 스와스티(Swasti)는 식사 때마다 나를 넉넉하게 챙겨줬네. 내가 그녀의 힘든 일을 성심껏 도와주었거든.

이 집에 온 건 내가 그렇게 갈망하던 기회였어. 나는 내가 가치 있는 사람이라는 것을 증명하고 자유를 얻고 싶었네. 그래서 나는 주인에게 빵 반죽하는 방법과 굽는 방법을 가르쳐달라고 했어. 내가 의욕을 보이자 그는 만족스러운 표정을 지으며 기꺼이 알려주었지. 얼마 후 빵을 곧잘 굽게 되었지. 나는 주인에게 꿀빵을 만드는 방법을 알려달라고 했네. 주인은 정성껏 가르쳐주었어. 얼마 지나지 않아 나는 빵 굽는 일을 모두 도맡아 하게 되었지. 주인은 일하지 않아도 되니 좋아했어. 하지만 스와스티는 못마땅한 표정으로 말했어.

"할 일 없이 빈둥대는 건 좋지 않아."

주인이 나를 믿고 일을 맡겨주니 나만의 시간도 가질 수 있게 되었네. 나는 자유를 얻으려면 돈을 벌어야 한다고 생각했어. 빵을 모두 구우면 정오쯤 되거든. 나는 오후 시간을 이용해 돈을 벌 방법을 궁리했어. 오후 시간에 일해서 번 돈을 주인과 나눈다면 주인이 허락할 테니 말이야. 그러던 어느 날 좋은 생각이 떠올랐네. 오후 시간에 꿀빵을 만들어서 거리에 나가 배고픈 사람에게 팔면 괜찮은 벌이가 될 것 같았지. 나는 주인에게 내 계획을 설명했어.

"오전에 빵 굽는 일을 마치고, 오후 시간을 활용하여 돈을 벌면 어떨까요? 그렇게 일하여 번 돈을 주인님과 나누면 좋을 것 같습니다."

"좋은 생각이야. 자네 생각대로 하게."

나는 주인에게 꿀빵을 팔 계획을 설명했지. 주인은 계획을 듣더니 기뻐하며 말했어.

"그럼 이렇게 하지. 동전 한 냥에 꿀빵 두 개를 팔게. 매출의 절반은 밀가루, 꿀 등의 재료비로 쓰면 되겠군. 그러면 매출의 절반을 이익으로 남길 수 있지. 이익금은 우리 둘이 절반씩 나눠 가지자고."

매우 만족스러운 제안이었어. 매출의 25%가 내 몫이니 말이야. 나는 꿀빵을 담을 상자를 밤늦게까지 만들었어. 주인은 내게 깔끔해 보이는 옷 한 벌을 주었지. 스와스티는 옷이 내게 잘 맞도록 바느질을 해줬어.

다음 날 나는 꿀빵을 넉넉하게 구웠어. 내가 봐도 먹음직스러웠지. 나는 거리에 나가 꿀빵을 사라고 크게 외쳤네. 처음에는 아무도 관심이 없어서 조금 낙심했었지. 그래도 계속 외치고 다녔어. 오후 느지막이 사람들이 배고픈 시간이 되자 꿀빵이 팔리기 시작했네. 꿀빵은 순식간에 모두 팔렸어.

주인은 기뻐하며 내 몫을 지급해 주었어. 드디어 나도 돈을 벌기 시작한 것이지. 너무 기뻤네. 메기도의 말이 옳았어. 주인은 열심히 일하는 노예를 좋아한다는 말이 사실이었어. 그날 밤 나는 흥분하여 잠을 이룰 수 없었지. '1년에 얼마나 벌 수 있을까? 자유를 얻으려면 몇 년이 걸릴까?' 이런 생각에 밤이 깊은 줄 몰랐지.

하루도 빠짐없이 꿀빵을 들고 나가자 하나둘씩 단골이 생기기 시작했어. 그중 한 명이 바로 네 할아버지 아라드 굴라였지. 할아버지는 양탄자 상인이었어. 흑인 노예와 함께 당나귀를 끌고 다니며 바빌론을 돌아다녔지. 그는 꿀빵 네 개를 사서 두 개는 자신이 먹고 두 개는 노예에게 주었어. 그리고 꿀빵을 먹으면서 나와 이야기를 나누곤 했지. 자네 할아버지는 늘 내가 기억할 만한 이야기를 해주셨어.

"난 자네가 만든 꿀빵이 좋네. 하지만 자네가 장사하는 자세가 더 마음에 드네. 스스로 일을 찾고 열심히 하는 자세를 높이 산다네. 그런 자세라면 언젠가 크게 성공할 걸세."

거대한 도시에서 굴욕적인 삶을 사는 외로운 노예 소년에게 정말 큰 칭찬이고 격려였지. 노예에서 벗어나고자 하는 소년에게 큰 용기를 북돋아 주셨어. 아마 자네는 이해할 수 없을 거야. 그렇게 몇 달이 지났네. 내 지갑도 조금씩 채워지고 묵직해졌어. 일은 나의 가장 좋은 친구가 되었지. 메기도의 말은 모두 옳았어. 나는 자유인이 되는 미래를 꿈꾸며 행복했어. 하지만 스와스티는 걱정스러운 표정으로 말했지.

"주인님이 도박판에서 너무 많은 시간을 보내고 있어."

그러던 어느 날 거리에서 메기도를 만났어. 오랜 옛친구를 만난 것처럼 기뻤지. 그는 당나귀에 채소를 싣고 시장으로 향하고 있었어. 메기도가 말했네.

"오랜만이야. 나는 잘 지내고 있네. 성실하게 열심히 일하는 모습을 보여주니 주인이 노예 감독하는 일을 맡겼어. 이것 보게. 시장에서 거래하는 일도 내게 맡겼다네. 또 내 가족들을 데려와서 같이 살게 해주었어. 열심히 일하니 모든 일이 잘 풀리고 있네. 열심히 일해서 언젠가는 자유를 되찾고 다시 내 농장도 가질 걸세."

시간이 흐르자 주인은 내가 꿀빵을 팔고 돌아오기를 기다리는 일이 잦아졌어. 도박 때문에 늘 돈이 부족했기 때문이지. 내가 돌아오자마자 돈을 세고 나눈 다음 다시 도박장으로 달려가곤 했어. 꿀빵을 더 많이 팔라고 재촉하기도 했지.

나는 종종 성문 밖으로 나가 노예 감독관들에게 꿀빵을 팔곤 했어. 노예들이 혹사당하는 끔찍한 광경을 보고 싶지 않았지만 노예 감독관들이 꿀빵을 많이 사주었기 때문이야. 어느 날 성벽에서 나는 자바도를 보았어. 바구니에 벽돌을 채우기 위해 줄을 서서 기다리고 있었지. 그는 몰라보게 수척해졌고 허리도 구부정했어. 등에는 채찍 자국과 핏자국이 가득했었지. 나는 그가 안쓰러워 꿀빵을 하나 건넸어. 그는 굶주린 짐승처럼 허겁지겁 먹어치웠네. 그의 굶주림에 지친 눈을 보자 나는 달아날 수밖에 없었어. 꿀빵 상자를 덮칠지도 모르니까 말이야.

그러던 어느 날 네 할아버지가 내게 물었어.

"이렇게 열심히 일하는 이유가 뭔가?"

자네가 오늘 내게 한 질문과 같았지. 나는 그에게 메기도의 말을 빌려 대답했네. 일은 가장 나의 소중한 친구라고 말이야. 나는 그동안 내가 모은 돈을 보여주며 자유를 얻기 위해 저축하고 있다고 말했지.

그러자 할아버지가 물었어.

"자유로워지면 무엇을 할 생각인가?"

"자유를 얻으면 상인이 되려고요."

그러자 할아버지는 내게 비밀을 털어놓았어. 상상도 할 수 없는 말이었지.

"사실은 나도 노예라네. 주인과 동업을 하고 있지."

하단 굴라가 외쳤다.

"거짓말! 우리 할아버지를 욕보이지 마세요. 할아버지는 노예가 아니라고요."

하단 굴라의 눈이 분노로 불타올랐다. 하지만 샤루 나다는 침착한 목소리로 말했다.

"내가 왜 거짓말을 지어내겠니? 나는 네 할아버지를 존경한단다. 할아버지는 불행을 극복하고 다마스쿠스의 영광스러운 시민이 되었어. 손자인 자네에게도 그분의 피가 흐르고 있지. 나는 네가 사나이답게 진실을 마주했으면 좋겠다. 거짓된 환상 속에 살지 않았으면 해."

하단 굴라는 감정에 북받친 목소리로 말했다.

"모두 할아버지를 좋아했어요. 좋은 일도 셀 수 없이 많이 하셨고요. 흉년이 들었을 때 할아버지는 이집트에서 곡식을 구해 와서 다마스쿠스 사람들에게 나눠주었어요. 그런 할아버지가 바빌론의 노예였다고요? 할아버지가 경멸받는 노예였다니! 믿을 수 없어요!"

"할아버지가 바빌론의 노예로 남아 있었다면 경멸을 받았을지도 모르지. 하지만 할아버지는 자신의 노력으로 다마스쿠스의 위대한 인물이 되었어. 이 모든 것은 신이 내린 선물이고 축복이지. 내 얘기를 마저 들어보거라."

네 할아버지는 내게 자신이 노예라는 비밀을 밝히고, 자유를 얻기 위해 얼마나 노력했는지 말해주었어. 이제 자유를 살 수 있을 만큼 돈을 모았다고 하셨지. 하지만 자유를 얻으면 무엇을 해야 할지 몰라서 고민하고 계셨어. 주인 없이도 잘할 수 있을지 두려웠던 것이지.

할아버지가 망설이는 것을 보고 내가 말했네.

"주인에게 매달리지 말고 자유인이 되세요. 자유인처럼 행동하고 자유인처럼 생각하세요! 성취하고 싶은 목표를 세우고 노력하면 반드시 성공할 거예요."

할아버지는 나약함과 비겁함을 꾸짖어줘서 고맙다고 말하고 돌아갔네. 자네도 알다시피 바빌론의 노예제도는 법률로 엄격하게 관리되네. 노예도 재산을 소유할 수 있지. 심지어 노예도 소유할 수 있네. 노예의 재산은 주인도 어찌할 수 없어. 노예의 신분이라도 자유인과 결혼하면 자녀들은 자유인으로 인정받지. 바빌론의 상인은 대부분 노예였네. 주인과 동업하며 부를 쌓았지. 아무튼 그 일이 있고 얼마 뒤였네. 나는 다시 성벽을 쌓는 곳으로 갔어. 때마침 많은 사람이 모여 있었지. 한 사내에게 물었더니 그는 이렇게 대답했어.

"소식 못 들었나? 어떤 노예가 왕의 근위병을 죽이고 달아났다가 잡혀서 오늘 사형을 당한다고 하네. 왕이 몸소 여기까지 온다고 하더군."

형장 주위에 사람들이 구름처럼 모여들어서 가까이 갈 수 없었네. 꿀빵 상자가 망가질까 봐 걱정되기도 했지. 그래서 나는 근처의 공사 중인 성벽을 기어 올라갔네. 운이 좋아 느부갓네살(Nebuchadnezzar) 왕도 볼 수 있었지. 왕은 온갖 보석으로 치장한 옷을 입고 있었어. 장관이었지.

저 멀리 노예가 보였네. 노예는 비명을 지르며 채찍질을 당하고 있었어. 나는 차마 그 모습을 볼 수 없었네. 나는 고귀한 왕이 사형장에 온 것이 이해가 되지 않았어. 하지만 왕이 귀족들과 즐겁게 이야기를 나누는 모습을 보고 왕이 잔인한 성정을 지녔다는 것을 알 수 있었지. 성벽을 쌓는 노예에게 비인간적인 대우를 하는 것도 이해되더군.

어느 순간부터 노예의 비명이 들리지 않았어. 결국 숨을 거두고 말았지. 노예는 모든 사람이 볼 수 있도록 높은 곳에 매달렸어. 사람들이 하나둘 흩어지자 나는 가까이 가 보았지. 노예의 가슴에 뱀 문신이 새겨져 있었어. 그는 해적이었네.

그리고 얼마 후 네 할아버지를 다시 만났지. 할아버지는 완전히 다른 사람이 되었더군. 열정에 가득 찬 모습으로 나를 반기며 말했어.

"나는 이제 자유인이 되었네. 자네 말에는 마법과 같은 힘이 있었어. 매출도 늘고 이익도 늘어나고 있지. 아내도 좋아서 어쩔 줄 모른다네. 아내는 주인의 조카로 자유인이라네. 아내는 내가 노예였다는 것을 아는 사람이 없는 다른 도시로 이사하고 싶어 하네. 우리 아이들이 나 때문에 손가락질당하면 안 되니까 말이야. 자네 말대로 일은 최고의 친구였어. 일을 통해 자신감도 되찾고 장사 실력도 늘었네."

나는 자네 할아버지가 내게 베푼 격려에 보답할 수 있어서 기뻤네. 그러던 어느 날 스와스티가 괴로운 얼굴로 나를 찾아와서 말했어.

"주인님이 곤경에 처한 것 같아 걱정이야. 얼마 전에 도박장에서 큰돈을 잃었거든. 지금 농부에게 곡식값과 꿀값을 치르지 못하고 있어. 심지어 대금업자에게 돈도 빌렸나 봐. 빚쟁이들이 화가 나서 협박하고 있어."

나는 별생각 없이 대답했어.

"왜 주인님을 걱정해야 하나요? 우리 책임도 아니잖아요."

"어리석은 놈! 정말 모르겠니? 주인은 돈을 빌리면서 너의 소유권을 맡겼단 말이야. 주인이 빚을 갚지 못하면 너는 다른 곳으로 끌려간다고! 나도 어떻게 해야 할지 모르겠어. 왜 좋은 사람에게 이런 불행이 닥치는 걸까?"

스와스티의 걱정은 현실이 되었네. 다음 날 내가 빵을 구울 때 대부업자가 사시(Sasi)라는 사내와 함께 왔지. 사내는 나를 살펴보더니 이 정도면 괜찮다고 말하더군. 주인이 돌아올 때까지 기다리지 않고 나를 데려간다고 했어. 스와스티에게는 주인에게 말을 전하라고 했지. 나는 빵을 굽다 말고 대충 옷을 걸치고 전대를 챙긴 후 떠났네.

태풍이 숲에서 나무를 뽑아 파도치는 바다로 내던지듯 내 희망도 사라져버렸네. 도박과 술이 다시 재앙을 불러온 것이지. 나를 데려간 사내는 무뚝뚝하고 거친 사람이었어. 나는 그와 함께 가는 길에 이렇게 얘기했지.

"저는 주인을 위해 열심히 일했습니다. 남는 시간에 꿀빵을 구워 팔아서 돈도 많이 벌었습니다. 앞으로 주인님을 위해서 열심히 일하겠습니다."

하지만 그의 대답에 좌절할 수밖에 없었어.

"나는 그런 것에 관심 없어. 내 주인도 마찬가지야. 왕이 주인에게 대수로를 만들라고 명했네. 주인은 노예를 많이 사들여서 빨리 끝낼 생각만 한다고. 쳇, 그렇게 큰 공사를 빨리 끝낼 수 있으려나?"

뜨거운 햇빛이 내리쬐는 사막을 생각해 보게. 나무 한 그루도 없고 물조차 뜨거워서 마실 수 없는 사막 말이야. 나는 아침부터 저녁까지 땅을 파고 무거운 흙을 지고 종일 날라야 했네. 돼지처럼 여물통에 담은 음식을 먹어야 했어. 천막도 없었네. 깔고 잘 지푸라기조차 없었지. 그런 곳에서 견디고 살아남아야 했어.

나는 아무도 모르는 곳에 전대를 묻어두었네. 나중에 되찾을 수 있기를 바랄 뿐이었어. 처음에는 열심히 일했네. 하지만 몇 달이 지나자 몸이 망가지기 시작했어. 온몸에 열이

나면서 아프기 시작했지. 식욕이 없어서 아무것도 먹지 못했어. 밤에 잠도 잘 이룰 수 없었지.

이런 지옥 속에서 문득 자바도가 했던 말이 생각났어. 자바도처럼 대충대충 요령껏 일하는 게 맞지 않을까? 나는 그를 마지막으로 보았을 때를 떠올렸어. 자바도처럼 요령을 피우는 건 좋은 방법이 아니었네.

다음으로 나는 해적을 떠올렸어. 해적처럼 노예 감독관을 죽이고 탈출할까? 하지만 해적이 채찍에 맞아 죽은 모습이 떠올랐지. 이 방법도 좋지 않았네.

마지막으로 나는 메기도를 떠올렸네. 힘든 노동으로 손에는 굳은살이 박여 있었지. 하지만 그는 밝은 표정을 지었고 행복해 보였어. 메기도의 방법이 옳았던 것이지.

그런데 나도 메기도처럼 열심히 일하지 않았나? 그가 나보다 더 열심히 하지는 않았을 거야. 그런데 왜 나는 성공하지 못하고 행복하지도 않을까? 메기도에게 성공과 행복을 가져다준 것은 과연 일이었던 걸까? 아니면 행복과 성공은 신의 소관인 걸까? 나는 행복과 성공을 얻지 못하고 이렇게 죽도록 일만 해야 하나? 이런 질문들이 머릿속을 혼란스럽게 했지. 나는 답을 찾을 수 없었네.

이런 문제로 며칠 동안 고민하고 있을 때 사시가 나를 불렀네. 새로운 주인이 나를 다시 데려가려고 사람을 보냈다고 하더군. 나는 땅을 파서 소중한 전대를 챙기고 너덜너덜한 옷을 걸치고 길을 나섰네. 주인의 집으로 가는 동안 이런저런 생각이 떠올랐어. 내 고향 하룬에는 신비한 노래가 전해지는데, 마치 내가 그 노래의 주인공 같았지.

회오리바람처럼 사람을 휘감아
폭풍우처럼 날려버릴 때
어떤 길을 갈지 누가 알 수 있으리
아무도 운명을 예측할 수 없네

나는 대체 무슨 죄를 지어 이런 가혹한 운명을 겪는 걸까? 앞으로 어떤 불행이 또 나를 기다리고 있을까?

마침내 주인의 집에 도착했네. 나는 깜짝 놀랐지. 네 할아버지 아라드 굴라가 기다리고 있었거든. 할아버지는 잃어버린 형제를 다시 만난 것처럼 나를 끌어안았지. 나는 노예니까 할아버지를 주인처럼 모시려고 했네. 그러자 할아버지는 내 어깨를 감싸 안으며 말했어.

"자네를 찾아 방방곡곡을 헤맸네. 소식을 들을 수 없어서 거의 포기할 지경이었지. 그때 스와스티를 만났네. 그녀에게 이야기를 듣고서야 자네가 어디에 있는지 알 수 있었네. 나는 자네 주인을 만나 흥정을 했네. 꽤 비싼 값을 치르고 자네를 데려왔지. 하지만 자네는 그만한 가치가 있네. 자네의 철학과 자세가 지금의 나를 만들어 주었으니까 말이야. 나는 자네의 철학과 자세에 커다란 영감을 받았다네."

"그건 메기도의 철학이었어요."

"메기도의 철학이자 자네의 철학이지. 고맙네. 우리 부부는 다마스쿠스에 가서 자리 잡으려 하네. 자네를 동업자로 삼고 싶네. 이걸 보게나. 자네는 이제 자유인일세."

그러면서 할아버지는 점토판을 꺼내 들었네. 그 점토판은 노예 소유증서였지. 그는 점토판을 머리 위로 들어 바닥에 내동댕이쳤어. 점토판은 산산이 부서졌지. 그는 기뻐하며 조각들이 가루가 되도록 밟아댔네. 내 눈에는 눈물이 가득 고였지. 나는 바빌론에서 가장 운 좋은 사나이였네!

기나긴 이야기를 마치고 샤루 나다가 하단 굴라에게 말했다.

"어떤가? 내가 죽도록 고생하던 때 일이야말로 가장 소중한 친구였지 않나? 내가 성벽을 쌓는 노예를 어떻게 면했나? 일하겠다는 의지를 보여주었기 때문이네. 자네 할아버지도 그 점을 높이 사서 나를 동업자로 삼았지."

하단 굴라가 물었다.

"할아버지가 성공한 비결이 바로 일이란 말인가요?"

"처음 볼 때부터 그랬네. 자네 할아버지는 일을 즐기셨어. 신이 노력을 인정하고 커다란 보상을 내린 거란다."

"조금은 알 것 같아요. 할아버지가 성실하게 일했기 때문에 사람들에게 인정받았던 것이군요. 근면함은 사람을 불러 모았고요. 그래서 더 크게 성공할 수 있었던 것이네요. 일이 할아버지를 다마스쿠스에서 존경받는 사람으로 만들었고, 일이 부와 명예를 가져다주었네요. 일은 노예나 하는 것으로 생각하다니! 제가 멍청했어요."

"인생은 즐거움으로 가득하단다. 놀고 먹는 일만 즐거운 건 아니야. 세상 모든 것은 각자 쓰임새가 있는 법이지. 나는 일이 노예만 하는 게 아니라서 다행이라고 생각한단다. 그랬다면 나는 살아가는 즐거움이 없었을 거야. 지금 나는 많은 것을 즐기고 누리고 있어. 하지만 내게 일처럼 즐거움을 주는 건 없단다."

샤루 나다와 하단 굴라는 성벽을 따라 바빌론의 거대한 성문에 도착했다. 그들이 다가가자 경비병이 자세를 갖추고 명예로운 시민을 향해 경례했다. 샤루 나다가 이끄는 상단은 성문을 지나 거리로 들어섰다.

"저는 언제나 할아버지와 같은 사람이 되고 싶었어요. 전에는 할아버지가 어떤 사람인지 몰랐는데 오늘에서야 알게 되었네요. 할아버지를 존경하게 되었어요. 저도 꼭 할아버지 같은 사람이 되겠습니다. 할아버지의 성공 비결을 알려주셔서 감사합니다. 오늘부터 할아버지의 비결을 실천할게요. 저도 할아버지처럼 바닥에서부터 시작해야죠. 현재의 저에게는 그게 어울리니까요."

하단 굴라는 귀걸이를 떼어 내고 반지를 뽑았다. 그리고 고삐를 당겨 말의 속도를 늦추고 공손히 샤루 나다의 뒤를 따랐다.

최선을 다해 일하는 자세는 운명도 바꾼다.

핑크팬더의 Money Talk

본업에 최선을 다할 때 기회가 찾아온다

하단 굴라는 돈 버는 비결이 따로 있다고 생각했다. 돈 버는 걸 재능의 영역으로 봤다. 그가 노력하지 않는 가장 큰 이유다. 비결도 모르고 재능도 없으니 노력해야 할 이유도 없다고 생각했다. 이런 생각으로 온몸을 장신구로 치장하며 살았다.

오늘날에도 이런 사람이 많다. 노력해도 부자가 될 수 없다고 믿는다. 남의 눈을 의식하여 자존심 상하지 않게 멋진 차를 타고 명품으로 치장하고 다닌다. 겉보기에는 화려해 보이지만 실상은 앙꼬 없는 찐빵이다.

이런 삶은 노예의 삶이다. 쇠사슬이 보이지 않을 뿐 내 양손과 양발은 쇠사슬에 묶여 있는 것과 마찬가지다. 단 하루라도 일을 하지 않으면 당장 채찍을 맞는다. 오늘날 채찍은 신용카드 빚이나 각종 대출, 과소비로 쓴 돈이다. 이런 것들이 당신을 옭아맨다. 쇠사슬을 풀고 싶어도 시간이 갈수록 더욱 피부를 파고들어 몸에 생채기를 낸다. 결연히 끊어내지 않는다면 노예로 이리저리 팔려 다니는 것과 다를 게 없다.

평생 노예로 살기 싫다면 샤루 나다처럼 해야 한다. 자기 일에서부터 출발해야 한다. 기회는 멀리 있지 않다. 바로 당신이 지금 하는 일에서 나온다. 부자가 된 사람들은 모두 본업에서 시작했다. 본업을 제대로 못 하는 사람이 성공하는 걸 본 적이 없다. 그저 시키는 것만 간신히 하는 사람이 눈에 띌 리도 없지 않은가?

자신의 본업을 키우는 것이 가장 중요한 능력이다. 기회는 본업에서 인정받았을 때 찾아온다. 전혀 관련 없어 보이는 기회도 결국 당신의 본업에서 나온다. 본업의 능력을 키우며 자신이 더 잘할 수 있는 걸 고민하고, 그 능력을 다른 것과 연계시켜라. 그러면 기회를 잡을 수 있다.

노력할수록 더 많은 종잣돈을 모을 수 있다. 자신이 하는 일에서 인정받으면 자신감도 더욱 커진다. 그러면 노예의 삶에서 자유인의 삶으로 바뀐다. 눈에 보이지 않는 쇠사슬이 어느 순간 끊어진 걸 스스로 느끼고 깨닫는다.

부자들이 어떤 식으로 자산을 형성하고 늘렸는지 살펴보라. 모두 다 똑같다. 본업에서부터 출발했다. 자신이 하는 일은 당신을 부자로 만드는 출발점이다. 착각하지 말자. 본업을 못하는 사람이 부자가 된 경우는 단 한 번도 보지 못했다.

제11장

바빌론의 역사

An Historical Sketch of Babylon

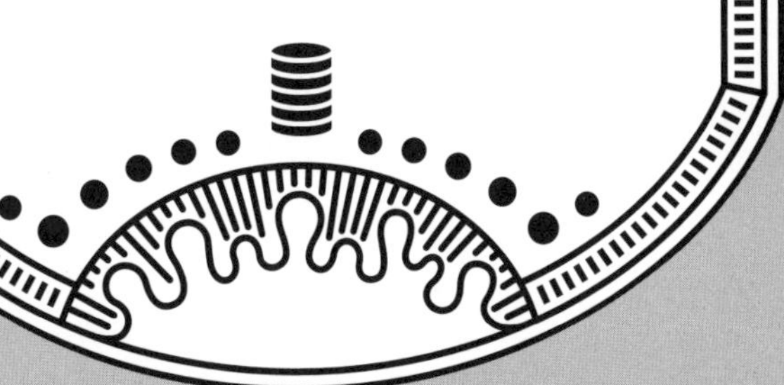

ⲟⲟⲟ 제11장 ⲟⲟⲟ

바빌론의 역사

바빌론은 역사상 가장 부유하고 찬란한 문화를 꽃피웠다. 바빌론은 황량하고 메마른 땅에 위치했지만 주어진 환경을 극복했다. 관개수로를 건설하고 농사를 지어 풍요로운 삶을 누렸다. 높고 튼튼한 성벽을 쌓아 침략자를 물리쳤다.

수천년 간 융성하던 바빌론은 왕의 잘못된 판단 때문에 역사의 뒤안길로 사라졌다. 그러나 바빌론 사람들이 남긴 지혜는 지금도 살아 숨 쉬고 있다.

역사상 바빌론보다 더 부유하고 화려한 도시는 없었다. 바빌론이라는 이름만 들어도 머릿속에 부와 화려함이 떠오를 정도다. 바빌론이 보유한 황금과 보석은 엄청난 규모였다. 이토록 부유한 바빌론의 지리적 위치는 어디였을까? 흔히 바빌론은 숲과 광산 같은 천연자원이 풍부한 곳에 있었을 것이라고 생각한다.

하지만 그렇지 않았다. 바빌론은 유프라테스강 근처 메마른 땅에 있었다. 주변에 숲도 없고 광산도 없었다. 건물을 지을 돌조차 없었다. 자연스럽게 형성된 교역로 근처도 아니었다. 이 지역은 비가 적게 내려서 곡물을 키우기도 어려웠다. 바빌론은 인간의 무한한 능력을 보여준 도시였다. 바빌론을 지탱하는 모든 것은 인간이 직접 만들어냈다. 바빌론의 부와 풍요로움도 인간이 이뤄낸 것이다.

바빌론의 천연자원은 두 가지였다. 비옥한 토양과 유프라테스강이었다. 바빌론의 기술자들은 댐을 만들고 관개수로를 건설하여 강물을 끌어왔다. 이렇게 끌어온 물을 비옥한 땅에 흐르게 하여 농작물을 재배하였다. 역사상 최초의 공학적 위업이었다. 덕분에 바빌론은 풍부한 농작물을 재배할 수 있었다.

바빌론은 오랫동안 존속되었다. 주변 국가를 정복하거나

약탈하는 일은 드물었다. 많은 전쟁에 치르기는 했지만 대부분 국지전이었다. 바빌론의 풍요를 노리는 침략자를 방어하기 위해서였다. 바빌론의 위대한 왕들이 보여준 지혜, 진취적인 기상과 정의로움은 역사로 남아 지금까지 전해진다.

풍요로웠던 고대 도시 바빌론은 이제 존재하지 않는다. 수천 년 동안 도시를 건설하고 유지했던 활기찬 힘이 사라지자 바빌론은 곧 황폐한 땅이 되었다. 바빌론은 페르시아만 북쪽, 수에즈 운하 동쪽으로 965km 떨어진 곳에 있었다. 지금은 그 터만 남아 있다. 위도는 북위 30도이다. 애리조나주 유마시(Yuma市)처럼 덥고 건조한 날씨였다.

비옥한 농경지가 많았던 땅은 황야로 변했다. 드문드문한 풀과 사막의 관목이 모래바람을 맞으며 생명을 이어가고 있다. 비옥한 들판, 거대한 도시, 교역 물품을 가득 실은 상단의 행렬은 사라졌다. 기독교의 시대가 시작되던 무렵부터 아랍계 유목민이 소규모로 가축을 키우며 근근이 살아가고 있다.

이 땅에는 흙언덕이 여기저기 쌓여 있다. 수 세기 동안 여행자들은 이 흙언덕을 눈여겨보지 않았다. 그저 자연적으로 발생한 흙언덕이라고 생각했다. 하지만 폭풍우가 몰아친 후 흙언덕에서 깨진 도자기 조각이나 벽돌 조각이 발견되면서 고고학자들은 흙언덕을 주목하기 시작했다.

유럽과 미국의 박물관에서 자금을 지원받은 탐사대가 이곳에 와서 대대적인 발굴작업을 시작했다. 탐사대는 결국 고대 도시의 흔적을 찾아냈다. 고고학자들은 이 흙언덕을 고대 도시의 무덤이라고 부른다.

바빌론도 이렇게 발굴된 도시 중 하나였다. 2,000년 동안 바빌론은 사막의 모래에 뒤덮였다. 진흙을 빚어 만든 벽돌로 건설한 풍요의 도시 바빌론은 세월을 견디지 못하고 무너지고 말았다. 여기에 고대 도시 바빌론이 있었다고는 아무도 생각하지 못했다. 오랫동안 잊혀진 채 방치되었던 거리, 무너진 사원, 폐허가 된 궁전의 잔해를 조심스럽게 걷어내자 찬란했던 바빌론의 흔적이 드러났다.

학자들은 이곳에 자리했던 바빌론과 인근 도시를 인류 역사상 가장 오래된 도시라고 말한다. 바빌론의 역사는 약 8,000년 전까지 거슬러 올라간다. 학자들이 이렇게 주장하는 이유는 바빌론 폐허에서 발견된 일식에 관한 기록 때문이다. 현대 천문학자들은 일식 기록을 토대로 바빌론에서 일식이 일어난 때를 계산하였고, 바빌론 역법과 현대 역법의 관계를 밝혀낼 수 있었다.

이런 방법으로 학자들은 8,000년 전 수메르인이 성벽을 쌓은 도시에서 살았다는 사실을 증명했다. 그러나 언제부터 존재했는지는 정확하게 알 수 없다. 막연히 짐작만 할 뿐이다. 이곳에 살았던 사람들은 미개하지 않았다. 고등교육을 받고 개화된 사람들이었다. 역사의 기록에서 보듯이 그들은 최초의 공학자, 천문학자, 수학자, 금융가였다. 또한 인류 최초의 기록 문자도 가지고 있었다.

황무지를 풍요로운 농업지대로 바꾸어 놓은 관개시설에 대해서는 앞서 얘기했다. 대부분 모래에 뒤덮이긴 했지만 그 흔적은 지금도 남아 있다. 몇몇 수로는 열 마리의 말이 나란히 지나갈 수 있을 정도로 컸다. 바빌론의 기술자들은 관개수로 외에도 대규모 공사를 진행했다. 유프라테스강과 티그리스강 입구의 늪지대를 개간하여 농지로 만들었다.

그리스 여행가이자 역사학자인 헤로도투스는 바빌론이 찬란한 영광을 누리던 때 바빌론을 방문하여 기록을 남겼다. 그의 글은 바빌론의 모습과 풍습을 자세히 알려준다. 바빌론의 비옥한 땅을 묘사했다. 그 땅에서 밀과 보리가 얼마나 풍성하게 수확되는지도 적혀 있다.

바빌론의 영광은 사라졌지만 바빌론의 지혜는 지금까지 남아 있다. 바빌론 사람들이 사용한 기록 방식 때문이다. 당시 종이는 발명되지 않았었다. 대신 바빌론 사람들은 촉촉한 점토판에 글을 새겼고, 완성된 점토판을 불에 구워 단단하게 만들었다. 크기는 가로 15cm, 세로 20cm이고 두께는 2.5cm 정도였다.

점토판은 현대의 종이처럼 흔하게 사용되었다. 점토판에는 다양한 내용이 기록되었다. 전설, 시, 역사, 왕실 칙령, 토지문서, 재산소유권, 약속어음 등이었다. 또한 먼 도시에 보내는 편지로도 사용하였다. 이런 점토판을 통해 우리는 옛사람들의 삶을 엿볼 수 있다.

어떤 토판에는 이런 내용이 새겨져 있었다. 한 사람이 소한 마리를 데려와 밀 일곱 자루로 교환했는데, 세 자루는 바로 지급했고 나머지 네 자루는 손님이 원할 때 가져가기로 했다는 기록이다. 고고학자들은 모래로 뒤덮인 고대 도시에서 수십만 개의 토판을 발굴했다.

바빌론의 불가사의 중 하나는 거대한 성벽이다. 고대인들은 이것을 '세계 7대 불가사의'라고 불렀다. 바빌론 초기에 세미라미스(Semiramis) 여왕이 성벽을 쌓기 시작했다고 전해진다. 하지만 성벽의 흔적은 찾을 수 없었다. 따라서 정확한 성벽의 높이는 알 수 없다. 오래된 기록에 따르면 성벽의 높이는 약 15~18m 정도였다고 한다. 성벽은 진흙을 구워서 만든 벽돌로 쌓았고 성벽 주위에는 해자(垓子)를 만들어 성을 보호했다고 전해진다.

기원전 600년 전쯤에 나보폴라사르(Nabopolassar) 왕이 새로운 성벽을 쌓기 시작했다. 하지만 그는 성벽이 완성되는 것을 보지 못하고 세상을 떠났다. 성경에도 등장하는 그의 아들 느부갓네살(Nebuchadnezzar)이 공사를 이어받았다.

새로운 성벽의 크기와 길이는 믿을 수 없을 정도다. 저명한 학자에 따르면 높이가 50m에 달했다고 한다. 이는 현대의 15층 건물 높이에 해당한다. 길이는 16km 정도로 추정된다. 성벽 꼭대기에는 길을 냈는데, 이 길은 말 여섯 마리가 이끄는 전차가 달릴 수 있을 정도로 넓었다고 한다. 지금은 성벽 터와 해자의 흔적만 일부 남아 있다. 오랜 시간이 지나며 성벽이 무너지기도 했고, 아랍인들이 다른 건축물에 쓰려고 벽돌을 캐서 가져간 것도 원인이다.

주변 국가들은 바빌론의 풍요를 탐내 수많은 군대를 이끌고 바빌론을 쳐들어오곤 했다. 침략군이 성벽을 포위하고 거센 공격을 퍼부어도 바빌론의 튼튼한 성벽을 무너뜨릴 수 없었다. 당시 침략군은 가볍게 볼 상대가 아니다. 역사학자들의 주장에 따르면 침략군은 기마병 1만, 전차 25,000대, 보병 1,200연대(1연대는 1,000명) 정도의 규모였다고 한다. 이런 규모로 전쟁을 치르려면 식량과 물자 준비에만 2~3년이 걸린다.

바빌론은 현대 도시처럼 잘 정비되어 있었다. 거리는 잘 구획되어 있었고 상점도 많았다. 상인들은 거리를 돌아다니며 물건을 팔았고 성직자들은 웅장한 사원에서 일했다. 도시 안에는 왕궁이 있었는데 왕궁의 성벽은 도시를 둘러싼 성벽보다 더 높았다고 한다.

바빌론 사람들은 예술에도 뛰어났다. 조각, 회화, 직조, 세공, 금속 무기 제작, 농기구 제작 등에 능했다. 바빌론의 장인이 만든 보석은 예술적 가치가 높았다. 바빌론의 유적지에서 발굴된 보석들은 세계 유수 박물관에 전시되고 있다.

대부분의 국가나 부족이 돌도끼를 사용하고, 돌창, 돌화살을 사용할 때 바빌론 사람은 쇠로 만든 도끼, 창, 화살을 사용하고 있었다. 또한 바빌론 사람은 똑똑한 금융가였고 상인이었다. 지금까지 알려진 바에 따르면, 바빌론 사람은 거래 수단으로 돈을 발명하였고, 약속어음과 재산 소유증서를 최초로 고안하고 사용했다.

철옹성을 자랑하던 바빌론도 기원전 540년경 침략군에게 정복되고 말았다. 물론 바빌론 성벽이 함락된 것은 아니었다. 바빌론의 몰락은 바빌론 자체의 문제는 아니었다. 왕이 잘못된 판단을 하였기 때문이었다.

그 시대 위대한 정복자였던 페르시아 제국의 키로스 2세는 바빌론을 공격하여 점령하고자 했다 그때 바빌론의 왕은 나보니두스(Nabonidus)였다. 신하들은 왕을 설득하여 성벽이 포위되기를 기다리지 말고 성벽 밖으로 나가 싸우자고 했다. 성 밖으로 출정한 바빌론 군대는 키로스 2세의 군대에 연패하였다. 그러자 나보니두스 왕은 바빌론을 버리고 달아나고 말았다.

키로스 2세는 활짝 열린 성문으로 아무런 저항 없이 입성하였다. 그 이후로 바빌론은 서서히 몰락하였다. 그렇게 몇 백 년이 지나자 바빌론은 황폐한 땅이 되었다. 바람과 폭풍이 바빌론을 모래로 덮어버렸다. 바빌론은 그렇게 몰락하였고 다시는 일어나지 못했다.

그러나 바빌론 문명은 우리에게 많은 영향을 끼쳤다. 영겁의 시간은 바빌론의 높은 성벽과 찬란한 건물을 먼지로 만들어버렸지만, 바빌론의 지혜는 지금도 살아 숨쉬고 있다.

바빌론 부자들의 돈 버는 지혜

초판 1쇄 2021년 5월 1일
초판 17쇄 2024년 6월 1일

지 은 이 조지 S. 클레이슨 (George S. Clason)
옮 긴 이 좋은번역
펴 낸 이 묵향
책임편집 묵향
북디자인 파이브에잇

펴 낸 곳 책수레
출판등록 2019년 5월 30일 제2019-00021호
주 소 서울시 도봉구 노해로 67길 2 한국빌딩 B2
전 화 02-3491-9992
팩 스 02-6280-9991
이 메 일 bookcart5@naver.com
블 로 그 https://blog.naver.com/bookcart5
인 스 타 @bookcart5

ISBN 979-11-90997-04-1 (13320)